DEJA DE PREOCUPARTE

Shunmyo Masuno

DEJA DE PREOCUPARTE

48 MANERAS DE ALCANZAR LA CALMA

URANO

Argentina – Chile – Colombia – España
Estados Unidos – México – Perú – Uruguay

Título original: *Don't Worry: 48 Lessons on Relieving Anxiety from a Zen Buddhist Monk*
Editor original: Penguin Books
Traducción: Miguel Salazar

1.ª edición Noviembre 2022

Copyright © 2019 *by* Shunmyo Masuno
Publicado originalmente en japonés con el título *Shinpaigoto no Kyuwari wa Okoranai* por Mikasa-Shobo Publishers Co., Ltd., Tokio.
All rights reserved including the right of reproduction in whole or in part in any form.
This edition published by arrangement with Penguin Books, an imprint of Penguin Publishing Group, a division of Penguin Random House LLC.
© 2022 de la traducción *by* Miguel Salazar
© 2022 *by* Ediciones Urano, S.A.U.
Plaza de los Reyes Magos, 8, piso 1.º C y D – 28007 Madrid
www.edicionesurano.com

ISBN: 978-84-17694-85-2
E-ISBN: 978-84-19251-68-8
Depósito legal: B-17.025-2022

Fotocomposición: Ediciones Urano, S.A.U.

Impreso por: Rotativas de Estella – Polígono Industrial San Miguel
Parcelas E7-E8 – 31132 Villatuerta (Navarra)

Shunmyo Masuno, sumo sacerdote de un templo budista zen en Japón con 450 años de antigüedad, es el autor del *best seller* internacional *El arte de vivir con sencillez*, así como un premiado diseñador de jardines zen para clientes de todo el mundo y profesor de diseño medioambiental en una de las escuelas de arte más prestigiosas de Japón. Ha impartido numerosas clases y conferencias en centros educativos como la Escuela Superior de Diseño de Harvard y las universidades de Cornell y Brown.

ÍNDICE

PARTE DOS
Concéntrate únicamente en las cosas que puedes lograr aquí y ahora

Dejarás así de pensar en cosas innecesarias

PARTE TRES
Evita competir y las cosas acabarán encajando

«Cada persona responde de sí misma y yo soy quien soy.»

PARTE CUATRO
Consejos sorprendentes para mejorar las relaciones

Cómo crear buenas conexiones y alejarse de las malas

PARTE CINCO
Cambia la manera de preocuparte por las cosas y tu vida cambiará para mejor

Sobre el dinero, el envejecimiento, la muerte y más cosas

PRÓLOGO

Deshazte de las cosas que no necesitas.
Vive una vida infinitamente sencilla,
libre de ansiedad o de preocupaciones innecesarias,
sin dejarte arrastrar por los valores de otras personas.

Espero explicarte cómo lograrlo en este libro.

Debido a mi naturaleza de sacerdote budista zen, muchas personas me consultan sus problemas. La variedad de asuntos sobre los que quieren hablar es inacabable, pero si tuviera que generalizar, los clasificaría en ansiedades, preocupaciones y dudas.

Cuando escucho con atención esos problemas, me doy cuenta de lo siguiente: casi todos ellos son en realidad ilusiones, suposiciones, impresiones equivocadas o temores imaginarios. Se puede decir incluso que carecen de toda sustancia.

«¿Cómo puedes ser tan desdeñoso cuando no eres tú quien está sufriendo?», podría decirme alguien. O también: «¡Estoy tan preocupado que no puedo ni comer!».

Viene a ser como un dicho japonés sobre ver a un fantasma en el campo cuando en realidad no es otra cosa que hierbas secas de eulalia. Lo que quiero decir es que no hay razón para asustarse de lo que podría parecer un fantasma porque solo se trata de tallos marchitos. Las cosas que nos atan y nos desmoralizan no son diferentes. La verdad es que si las miramos con objetividad vemos que a menudo nos dejamos atemorizar por sombras que en realidad no existen.

Tal vez esto suene familiar: algo que te preocupaba te estaba agobiando, pero entonces un comentario o un suceso fruto del azar te hicieron darte cuenta de lo insignificante que era aquello que tanto te preocupaba y te quedaste asombrado de lo mucho más ligero que te sentías…

Las enseñanzas del zen son un verdadero tesoro para este tipo de revelaciones.

Me pregunto en qué piensas cuando oyes la palabra «zen». Tal vez evoca un mundo esotérico de ideas elevadas y profundas. Es cierto: En ocasiones nos enfrascamos en conversaciones abstractas sobre los *koan* del zen. Pero es algo engañoso.

Las enseñanzas del zen pueden ser muy accesibles.

Están íntimamente conectadas con nuestras vidas cotidianas.

Por ejemplo, cuando entres en una vivienda y te quites los zapatos, ponlos cuidadosamente uno junto al otro. Incluso algo tan sencillo como esto tiene sus raíces en el zen. Se trata de un reflejo literal del dicho zen: «Presta atención a lo que hay bajo tus pies».

En el zen empleamos expresiones y dichos, a los que llamamos *zengo*, como parte de nuestro aprendizaje. Los *zengo* tienen su origen en anécdotas y escrituras para ayudarnos a comprender la sabiduría y la práctica del zen. Los encontrarás a lo largo de las páginas de este libro y agrupados en un índice al final.

Otro *zengo*: «Come y bebe con todo el corazón», nos enseña a no distraernos con cosas innecesarias. Cuando bebes una taza de té, céntrate únicamente en beber el té, o cuando comas, céntrate únicamente en el acto de comer lo que estés comiendo. Todo esto podría parecer perfectamente corriente, pero si ponemos en práctica estos hábitos con el mayor cuidado, seremos capaces de centrarnos en el aquí y ahora. Así nos liberaremos de toda ansiedad innecesaria y nuestra mente podrá serenarse.

De modo que, en vez de angustiarnos con lo que podría deparar el futuro, vamos a centrarnos únicamente en el aquí y ahora. De lo que se trata es de reducir, desprenderse, dejar atrás… Así estaremos en condiciones de disfrutar una versión de lo que somos más calmada, más relajada y positiva.

Gassho
Shunmyo masuno

PARTE UNO

REDUCE, DESPRÉNDETE, DÉJALO ATRÁS

---

*El camino del zen para mantener la ansiedad
y las preocupaciones a raya*

1

NO TE ENGAÑES

El zen nos enseña a no compararnos

Hay un *zengo* que dice: «No engañes a tu yo».

Expresado más llanamente significa «No te hagas ilusiones».

Se podría pensar que las ilusiones se refieren a cuanto sea producto de la imaginación.

Sin embargo, en el zen el concepto de la ilusión tiene un significado mucho más profundo y amplio. Cualquier cosa que se aloje en tu mente, todo cuanto se aferre a tu corazón y lo limite; todo son ilusiones.

Deseos egoístas por esto o por lo otro, apegos de los que no queremos desprendernos; también son ilusiones.

Envidia de los demás, sentimientos de baja autoestima; tampoco son otra cosa que ilusiones.

Por supuesto, es imposible liberarnos de todas las ilusiones que se apoderan de nuestra mente. Ese es el estado que alcanzó el Buda. Como humanos, debemos aceptar que siempre habrá ilusiones en nuestro corazón y en nuestra mente.

Lo importante es reducir esas ilusiones tanto como podamos. Todos podemos conseguirlo. Pero para lograrlo, primero tenemos que distinguir cuál es el verdadero carácter de nuestras ilusiones.

Es famosa una cita de Sun Tzu: «Conoce a tu enemigo, conócete a ti mismo, y ni cien batallas deberías temer». Lo que viene a ser como decir que sin conocer a tu enemigo no entenderás lo que debes hacer para enfrentarte a él.

¿Cuál es la fuente de tales ilusiones?

Es una manera de pensar que ve las cosas por oposición.

Por ejemplo, construimos conceptos binarios como vida y muerte, ganar y perder, belleza y fealdad, rico y pobre, beneficio y pérdida, amor y odio.

Se piensa que la muerte se halla en conflicto con la vida, y cuando ambas se comparan percibimos la vida como sagrada y valiosa, mientras que la muerte es vacía y desolada.

«Es un tipo con suerte. Parece que a mí nunca me sonríe la fortuna.»

«¿Cómo es que pierdo en todo mientras ella no para de ganar?»

Una sola experiencia lo impregna todo. Es algo que aplicamos a toda nuestra vida. Entretanto, la envidia de los demás y los sentimientos de culpabilidad crecen en nuestro interior hasta que nos consumen.

De hecho, podríamos decir que estamos dominados por quienes nos rodean, que estamos atados por nuestras ilusiones.

Pero hagámonos esta pregunta: «¿Qué sentido tiene compararse con los demás?».

Dice un *zengo*: «Tras la iluminación no hay preferencias».

Si aplicamos esto a las relaciones humanas, quizá podamos aceptar a los demás tal como son, sin tener en cuenta si nos gustan o los detestamos (ni si son mejores o peores que nosotros), sin ser arrastrados por nuestras emociones.

El fundador de la escuela soto del budismo zen, Dogen Zenji, dijo: «Las acciones de los demás no son las mías». Enseñaba que lo que los demás hacen no guarda relación con lo que hace uno mismo. Los esfuerzos de otra persona no conducen a nuestro progreso. El único modo que tenemos de mejorar es a través de nuestro propio esfuerzo.

El zen enseña que la existencia de cada cosa y de cada persona es absoluta, en sí misma; no cabe la comparación. Cuando intentamos comparar cosas para las que no hay comparación posible, nos produce inquietud lo irrelevante, y de ahí surgen la ansiedad, la preocupación y el temor.

Cuando dejas de hacer comparaciones, te percatas de que el noventa por ciento de tus ilusiones desaparecen. Tu corazón se siente más ligero. La vida es más relajada.

«No te engañes»; piensa en estas palabras de cuando en cuando. Deja que se conviertan en una forma de levantar tu ánimo, de decirte: «Creo en mi yo absoluto, ¡sin comparación!».

2

CÉNTRATE EN EL «AHORA»

Se trata de valorar lo que somos

Hay personas que dan muchas vueltas a los recuerdos. Se puede decir que están atrapadas en el pasado.

Hay un *zengo* que dice: «vive en la respiración».

Tomado literalmente, significa vivir en el momento en el que respiras, de un modo tan consciente como te sea posible.

En esta idea también subyace un concepto budista: «Vivir en los tres mundos».

Los tres mundos son el pasado, el presente y el futuro. Nosotros vivimos en las conexiones entre esos tres mundos, aunque, cuando nos hallamos en el presente, el pasado ya ha muerto y el futuro está por nacer.

Es así como explicamos el concepto budista del samsara, el ciclo de la muerte y la reencarnación: cómo todo nace y luego muere, y todo lo que muere renace.

Dicho de otra manera, de nada sirve volver a pensar en el pasado que ha muerto y se ha ido, ni debemos pensar en el futuro que aún no ha nacido hasta que llegue.

Es decir, lo que importa es cómo vivimos en el aquí y ahora.

Dice este poema de tres versos al que llamamos *senryu*:

Incluso el cuenco astillado
Fue una vez un cerezo
En el monte Yoshino

Lo que ahora parece una pieza de porcelana desgastada fue una vez un espléndido cerezo floreciente en el monte Yoshino, donde ante su belleza multitudes de espectadores eran presa del asombro.

La gloria y el honor de nuestro pasado son el fundamento de nuestro estado presente.

Pero no se trata solo de los cerezos en flor de Yoshino. Hay personas que parecen no perder nunca una oportunidad para sacar a relucir su brillante pasado.

«Tenía un trabajo de tanta responsabilidad.»

«Solo yo convertí aquel proyecto en un éxito.»

Por supuesto que es importante sentir la satisfacción que uno siente por un trabajo bien hecho. También es bonito alzar una copa para celebrar una victoria.

Pero ¿es apropiado recordar tan a menudo viejas historias? Cambiemos un poco nuestra perspectiva.

«Otra vez contando las mismas batallitas. Es tan pesado y aburrido.»

¿Alguna vez ha llegado a tus oídos algo por el estilo?

Siendo francos, resulta irritante tener que escuchar, una y otra vez, historias inacabables en torno a episodios gloriosos del pasado. ¿Y no deja en mal lugar al que habla? Cuesta no pensar en que se trata de alguien bastante infeliz.

Obsesionarse con el pasado es un indicador de que la persona no tiene confianza en el presente. Así es como la ansiedad, la preocupación y el temor entran con sigilo en tu corazón y en tu mente.

Se podría decir incluso que equivale a socavar tu yo presente.

Voy a repetírtelo para que quede grabado en tu mente: Lo único que importa es cómo vivimos en el aquí y ahora.

Si te lamentas por el hecho de que tu yo presente no es más que un cuenco astillado (o un empleo sin futuro o...), lo único que harás es aumentar tu infelicidad. Hasta un cuenco astillado puede servir de recipiente para una sopa deliciosa que reconforte el alma de alguien.

¡Seamos ahora el mejor cuenco astillado que podamos ser!

Eso es lo que significa, según lo veo yo, vivir en la respiración.

3

NO TE AGOBIES
NI TE DESMORALICES

*Crea un lugar en tu vivienda donde tu espíritu
pueda serenarse*

¿Dispones de una «morada espiritual»?

Hubo una época en la que casi todos los hogares japoneses contaban con un altar o un santuario.

Era habitual ver todos los días a cada familia sentada
frente a él, ofreciendo incienso (si se trataba de un altar budista) y luego juntando las manos.

Observando a sus padres y a sus abuelos —unidas las manos
para la oración y la devoción—, los niños aprendían aquel hábito
que, al mismo tiempo, también alimentaba la veneración por los
propios antepasados. Tal vez estarás de acuerdo conmigo en que
es una de las buenas tradiciones de Japón, una bella costumbre.

En aquellos tiempos, cuando otra rama de la familia se
establecía en una casa, erigir un altar y dar la bienvenida a sus

antepasados en el nuevo hogar era una de las primeras cosas que se acostumbraba hacer. Por esa razón había un altar en cada casa y los antepasados estaban presentes en las vidas cotidianas de cada familia.

Sin embargo, hoy en día, ¿cuántas personas tienen un altar en sus hogares? Si contamos únicamente a quienes residen en ciudades, es muy probable que ese número sea extremadamente pequeño. Aun considerando que a buen seguro la situación de la vivienda tiene que ver con ello, existe una razón mayor.

Y tiene que ver con el hecho de que una mayoría abrumadora de residentes en las ciudades se establecieron en ellas después de la guerra, dejando atrás sus poblaciones de origen para trasladarse en su juventud a centros urbanos. En la mente de esas personas, sus antepasados se habían quedado en sus lugares de origen, protegiendo a sus padres o al cabeza de familia, y por eso no sentían que el Buda estuviera presente en sus vidas.

O puede que se trasladasen a la ciudad antes de que sus padres tuvieran la oportunidad de inculcarles un conocimiento suficiente sobre sus antepasados, y por eso les parece natural vivir en un hogar sin un altar. Con el paso de las generaciones, nuestra buena tradición se está perdiendo paulatinamente.

No puedo evitar pensar que existe una relación entre esto y la sensación de desencanto que las personas sienten hoy en día.

El acto de juntar las manos delante de nuestros antepasados no es tan solo un rito ceremonial. Es una manera de expresar gratitud por la vida que tenemos ahora, por cuanto se ha ido transmitiendo de generación en generación. Ninguno de nosotros existiría sin nuestros antepasados.

Yo comienzo cada mañana uniendo mis manos y diciendo: «Estoy agradecido por recibir el nuevo día con salud». Y cada noche, otra vez con las manos unidas, expreso mi agradecimiento: «Doy las gracias por haber superado un día más».

A veces converso con mis antepasados. Cada uno de nosotros vive experiencias diversas a medida que transcurren nuestros días. Hay errores que se producen en el trabajo y dificultades en nuestras relaciones, cosas que nos atan y nos desmoralizan.

Puedes hablar con tus antepasados de todas esas cosas sin reservas. Es sorprendente hasta qué punto puedes ser lo que realmente eres ante ellos.

Por supuesto, no es que tus antepasados te den una respuesta, pero al liberar tus sentimientos sentirás paz y sosiego. Así atenuarás cualquier sensación de desencanto y propiciarás un estado de ánimo positivo.

Se podría añadir asimismo que el tiempo que pases con tus antepasados proporciona a tu espíritu una oportunidad para calmarse. Y no unir las manos en muestra de gratitud; bueno, justamente una oportunidad menos para serenar tu mente.

Claro que erigir un altar puede que no parezca la cosa más sencilla de hacer. Sin embargo, no hace falta ser demasiado exigentes.

Simplemente basta con que pongas fotografías de tus antepasados. Escoge un sitio de tu hogar en el que puedas sentarte. Cada vez que sientas abatimiento en tu corazón, o asome cierta sensación de desencanto, ve allí y quédate quieto mientras juntas tus manos, y quédate un rato mientras te desahogas. Estoy seguro de que de ese modo tu mente se serenará y tu actitud será más positiva.

Ese lugar que no ocupa más que un pequeño espacio de tu vivienda tendrá un efecto enorme en tu espíritu. Lo que sea que haya abrumado tu mente o afligido tu corazón desaparecerá.

Eso es lo que significa tener una morada espiritual. Te animo a que te hagas la tuya.

4

REDUCE A LO INDISPENSABLE TUS PERTENENCIAS

Hacerlo aligerará tu mente y tu cuerpo

Cuesta desprenderse de las cosas que hemos adquirido. Todos nosotros podemos vernos reflejados en ese sentimiento, en mayor o menor medida. Lo cierto es que incluso puede convertirse en una fuente de sufrimiento.

A menudo oigo a personas que dicen: «Mi casa es demasiado estrecha. No sé de dónde saqué tantas cosas».

Justo después de mudarte, tu hogar está limpio y ordenado, y parece haber mucho espacio para vivir cómodamente, pero antes de que te des cuenta se llena de trastos y ya no puede decirse que sea un lugar relajante…

Esto tiene un efecto depresivo. Y no me refiero a esos ancianos que almacenan toda clase de cosas compulsivamente y viven en casas rebosantes de basura, pero creo que cada cual tiene más de una pequeña experiencia de lo que digo.

La causa es sorprendentemente obvia.

Obedece a una incapacidad para desprenderse de las cosas, una aversión a deshacerse de ellas.

En el zen tenemos una palabra para referirnos a la limosna: *kisha*. Significa renunciar a algo con desprendimiento, sin arrepentirse. Así es como lo describimos cuando tiras unas monedas al visitar un templo o un santuario.

¿Por qué estaría alguien alegre al desprenderse de algo tan importante como el dinero?

La razón es que, al deshacernos de cosas, nos desprendemos de algunos de nuestros propios apegos.

Como los apegos suelen nublar nuestra mente, desprendernos de ellos nos produce satisfacción.

Esto es algo que también se aplica a las cosas.

Echa un vistazo a los objetos que te rodean. ¿Hay ropa metida en el armario o en la cómoda que no has usado en años? ¿Guardas bolsos que utilizaste una o dos veces o cachivaches que ocupan un espacio precioso?

«Algún día los usaré...»

Esa es siempre la excusa que empleamos para justificar que no nos desprendamos de alguna cosa. Pero si ni siquiera has pensado en ella a lo largo de los últimos tres años, ¿de veras crees que pronto tendrás una razón para usarla? ¿Volverás a utilizar un bolso que no ha visto la luz del día en cinco años? Muy probablemente, la respuesta es no.

Si esto te suena familiar, debes apartar tus sentimientos y atreverte a deshacerte de cosas. Y reconozco que esto puede entrar en conflicto con la mentalidad de no desperdiciar las cosas.

Es verdad: puede parecer un despilfarro desechar cosas. Pero la cuestión pasa por el modo de deshacerse de ellas.

Si se trata de algo que puedan ponerse o utilizar un amigo o un conocido tuyo, puedes dárselo, o bien donarlo a una organización benéfica. Y otro lugar para deshacerse de ello es un mercadillo.

Cualquiera de estas opciones encaja con la mentalidad de no despilfarrar cosas sin dejar de ser fieles al espíritu *kisha* de la limosna.

Prescindir de las cosas de las que debas deshacerte te permitirá ganar espacio, lo que aumentará la comodidad de tu hogar y mejorará tu vida cotidiana. Ni que decir tiene que esto tendrá un efecto positivo tanto en tu bienestar físico como en el mental.

Algunos objetos sí se deben conservar: cosas que no se pueden tirar tanto si las usas como si no. Entre ellas se incluyen los recuerdos que hayamos heredado de los padres y los abuelos, y los objetos que compraste especialmente para la familia o con motivo de una celebración especial.

El reto está en determinar qué entra en cada categoría.

En mi opinión, el factor más importante es qué te hace sentir cada objeto.

Cuando lo sostienes en la mano, ¿te trae recuerdos y reconforta tu corazón? ¿Te recuerda a la persona que te lo dio y te hace feliz? ¿Hace que te sientas aliviado o animado?

Esto no tiene nada que ver con el valor monetario. Hay algunas cosas que merece la pena guardar, no importa lo viejas y andrajosas que estén, o si están rotas. Esos objetos son mucho más que simplemente «cosas»; se hallan íntimamente vinculadas a tu vida. Busca una bonita caja donde puedas guardarlos y conservarlos.

En el zen hablamos de «caminar de la mano».

Esto significa pasar por la vida con aquellos en quienes verdaderamente creemos y confiamos; incluyendo nuestros yoes esenciales.Las cosas que nos permiten salvaguardar nuestros recuerdos tienen también mucho que ver con ese sentimiento.

5

LIMÍTATE A SER COMO ERES

No te centres en cosas que no puedas controlar

Poner todo tu empeño en lo que sea que estés haciendo...

Me parece una forma admirable de ir por la vida.

Pero para vivir con arreglo a ello, debemos asegurarnos de tener en cuenta lo siguiente:

Hay cosas en este mundo sobre las que no tenemos ningún control.

¿Tienes tendencia a pensar que debes darlo todo, que de una u otra forma y con valentía debes intentar que las cosas sean como tú quieres?

Aun así, hay cosas sobre las cuales no tenemos en realidad control alguno. Aunque dediquemos todas nuestras energías a lo que sea, aunque pongamos todo nuestro empeño, nada va a cambiar. No importa el esfuerzo que hagamos, lo único que pasará es que nos agotaremos y sufriremos.

Esta vida única que se nos ha dado está llena de cosas sobre las cuales no tenemos poder alguno.

Por ejemplo, ¿eres capaz de detener el latido de tu corazón? Tu corazón funciona por sí mismo, y no hay nada que puedas hacer al respecto. La misma vida se compone de cosas sobre las que no ejercemos poder alguno, cosas que están más allá de nuestro alcance.

En el budismo, creemos estar guiados por una fuerza mayor que nosotros —sea esta la verdad del macrocosmos o la naturaleza del Buda— y no por nuestra propia voluntad.

Cuando cobramos conciencia de que el punto desde el cual brota nuestra fuerza vital está fuera de nuestro control, resulta más sencillo reconocer que muchas otras cosas caen en esa categoría. ¿No es un alivio aprender que no hay necesidad alguna de agotarnos?

De modo que es mucho mejor aceptar esas cosas que no podemos controlar como son.

Por más cuidados y atenciones que prodiguemos a nuestra salud, seguiremos padeciendo a causa de enfermedades y lesiones.

Ante la enfermedad, podríamos lamentarnos: «Hacía todo lo que podía para cuidar mi salud, pero aun así caí enfermo… ¡No me habré cuidado lo suficiente!». Pero lo que estaremos haciendo es desacreditar la realidad de que sufrimos, sí o sí, una enfermedad. Lo cual no tiene ningún sentido. Es más, al culparnos, nuestro pensamiento se vuelve cada vez más negativo.

Los caracteres de la palabra japonesa «enfermo», 病気 (*byoki*), indican que es nuestro espíritu el que está dolorido. Así pues, cuando estamos enfermos nuestro espíritu flaquea, lo que influye en nuestro estado.

Y cuando sufrimos una lesión, una parte del cuerpo suele verse afectada.

«Oh, no puedo moverme como solía… ¿Por qué ha tenido que pasarme esto?» Maldecir el destino no te devolverá la plenitud física. Solo volverá tus días más sombríos.

En ambos casos no tenemos poder. No queda otra opción que la aceptación. Puedes intentar resistirte, pero al final solo cabe aceptarlo.

Siendo así, ¿por qué no hacerlo sin reparos?

Seas como seas, sin alteraciones: ese es tu verdadero yo. Es lo único que cada uno de nosotros puede llegar a ser.

Una vez que aceptes las cosas sobre las que no ejerces control alguno, serás capaz de aprender a vivir con las circunstancias. Podrás afrontar lo que tu verdadero yo —tal como eres, sin alteraciones— es capaz de hacer. Ya no te obsesionarás con cosas sobre las que nada puedes hacer, y podrás ocuparte de aquello que puedes manejar con una actitud positiva.

He utilizado el ejemplo de la salud, pero hay, por supuesto, en cualquier situación toda clase de cosas sobre las que nada puedes hacer.

En vez de prestar atención a esas cosas, céntrate en aquello que sí puedes controlar.

6

QUÍTATE LAS GAFAS
DE COLORES

Así eliminarás el noventa por ciento de tus
preocupaciones en las relaciones personales

Nuestras relaciones personales pueden ser sumamente desconcertantes.

Probablemente sea justo decir que una gran parte de la ansiedad, la preocupación y el temor que nos oprimen tiene que ver con las relaciones personales. El trabajo, la comunidad, la escuela, los amigos, la familia, los hermanos, los parientes; en nuestras relaciones personales hay muchas capas. Y en ocasiones se complican y conducen a la ansiedad, a la preocupación y al temor que nublan nuestra mente.

«Mi jefa y yo no parece que veamos las cosas igual. Por mucho que lo intento, parece que no puedo lograr que las cosas se solucionen.»

«Estoy tratando de ser comprensivo, pero mi amigo no me da confianza.»

«La señora de la puerta de al lado siempre actúa como si me estuviera evitando.»

Está en la naturaleza humana que una vez que nos obsesionamos con pensamientos negativos se vuelve muy difícil disiparlos. De hecho, se puede decir incluso que, en general, tenemos tendencia a agravarlos.

La jefa que no ve las cosas como tú es una insoportable; empiezas a cuestionar la manera de ser del amigo en quien no se puede confiar; la señora de la puerta de al lado la tiene tomada contigo... Cuando repites este tipo de cosas, provocas malos cambios.

Pero si piensas en cómo empezó todo, en el origen casi siempre hay algo trivial. Se produjo una discrepancia sin importancia con tu jefa en una reunión, tu amigo se olvidó sin querer de los planes que había hecho contigo, y en cierta ocasión no devolviste el saludo a la señora de la puerta de al lado...

Son siempre problemas triviales, y en cada ejemplo únicamente se tomó en consideración un aspecto de la otra persona.

A eso me refiero cuando hablo de ponerse «gafas de colores»; que no son otra cosa que las ideas preconcebidas. Puede que parezcan poco significativas, pero pueden causar problemas si se les da la oportunidad de arraigar en tu mente.

Por ejemplo, ¿te ha ocurrido esto? Vas a conocer a un nuevo compañero de trabajo y otra persona te da información sobre él.

«Oh, sí, tiene fama de difícil. ¿Vas a conocerle mañana? Pues mejor ándate con cuidado. Aunque tal vez la cosa funcione.»

No funcionará. Tu nuevo compañero de trabajo acaba de ser encasillado como «difícil». Es fácil imaginar cómo se desarrollará la reunión. Descontando cierto grado de prudencia o de nerviosismo, por muy complaciente que en realidad pueda mostrarse esa persona, es poco menos que imposible que puedas reconocer su verdadera naturaleza. Atrapado por el sesgo de tus prejuicios, te conducirás con circunspección en el trato, lo cual puede acabar por ofenderlo.

En el zen decimos: «No te pongas gafas de colores».

Es motivo de severa reconvención juzgar a las personas únicamente a partir de ideas preconcebidas.

Si basas tu valoración de alguien únicamente en determinada información, en una idea negativa o en la impresión causada por un solo aspecto de lo que hayas visto de esa persona, es seguro que la juzgarás equivocadamente.

Primero, quítate las gafas de colores.

Además, graba en tu mente la frase zen siguiente:

«Todos los seres vivientes, sin excepción, poseen la naturaleza de Buda».

Significa que todos poseemos la capacidad para la pureza inherente y la perfección de la mente de la naturaleza de Buda.

«Lo que yo he visto equivale tan solo a un aspecto de él. La próxima vez trataré de buscar su "naturaleza de Buda".»

El zen nos enseña que todos nosotros poseemos la naturaleza de Buda (bondad y comprensión, calidez y magnanimidad...), y que si tratamos de verla en los demás descubriremos que reverbera en nuestro propio corazón.

Al quitarnos las gafas de colores y ver con claridad no nos perderemos esos destellos fugaces de la naturaleza de Buda en los demás.

Cuando seas capaz de ver las diversas facetas de las personas, tal vez descubras que la jefa que no ve las cosas como tú, aunque siga siendo exigente, ahora te conviene; que el amigo en quien no se puede confiar es fácil de tratar y encantador, aunque un poco despistado; y que la señora de la puerta de al lado que estaba evitándote puede ser tímida en ocasiones, pero no es presuntuosa y tiene un corazón de oro.

Espero que asumas que lo que hay detrás de esos sentimientos u opiniones desfavorables eres tú en realidad, con tus gafas de colores. Una vez que te las hayas quitado tu punto de vista se transformará drásticamente.

La naturaleza de Buda en los demás cada vez será más evidente a tus ojos. Una vez revelada, el enfado y la exasperación que habías sentido, así como la ansiedad, la preocupación y el temor arraigados en tus relaciones personales, desaparecerán antes de que te des cuenta.

7

TEN GENEROSIDAD

No tardes en mostrar tu conformidad
sin que importen tu estatus o tu posición

Cuanto más nos aferremos a las cosas, mayores serán nuestros temores innecesarios.

Por ejemplo, todos tenemos un estatus concreto donde trabajamos u ostentamos una posición determinada en la sociedad. Es importante para cada cual estar a la altura de aquello que es, pero también tendemos a aferrarnos a ello. Lo cual puede ser problemático.

Por ejemplo, algunos dicen en el trabajo que han asumido el cargo de director o de vicepresidente y lo único que les preocupa es defender su puesto.

Se comportan como si hubiesen aspirado a ese empleo mucho tiempo y ahora que por fin lo tienen no lo dejarán jamás pase lo que pase.

No hace falta decir que un comportamiento semejante puede causarle dificultades a la organización. Tiene un efecto perjudicial en la formación y el progreso de los subordinados de esa persona y puede abocar a una menor apertura en la organización.

Un jefe que se aferra o está excesivamente apegado a su estatus o a su cargo no es del agrado de quienes están por debajo de él; incluso si es el único en no darse cuenta de ello.

No tenemos un *zengo* para esto, pero en el *Libro de los documentos*, uno de los cinco clásicos del confucianismo, se lee: «El orgullo conduce al fracaso y la humildad es recompensada».

En otras palabras, una persona arrogante y vanidosa incurre en pérdidas, mientras que una persona modesta cosecha beneficios.

Y es importante, llegado el momento, reconocer cuándo dar un paso atrás generosamente en lugar de aferrarnos a nuestro estatus o a la posición que ocupamos.

Claro que un jefe no suele tener autoridad en muchas empresas para decidir que su inmediato subordinado sea quien ocupe su puesto cuando se jubile.

Pero puede empezar por hacer cosas como encargar a quienes están por debajo de él las negociaciones finales con su listado de clientes, confiar a alguna otra persona sus responsabilidades al frente de un comité, hacer posible una rotación de subordinados para conducir la sesión informativa matinal… Existen muchas posibilidades.

Ceder las propias responsabilidades no quiere decir que los subordinados vayan a tomar la delantera.

Venga ya, has acumulado años de experiencia en esa posición. Es más, tu experiencia te da ventaja; puedes ofrecer una guía valiosa y un punto de vista incomparable.

En el momento en que tus subordinados dejan de depender de ti o de asumir nuevos proyectos que tú les hayas delegado, algunos de ellos pueden sentirse desconcertados, tal vez ansiosos o puede que necesiten un tiempo para adaptarse. Pero durante ese período lo que más agradecerán es la orientación de una voz con experiencia. Más que cualquier otra cosa, eso es lo que les ayudará a desarrollar sus competencias y sacar partido a sus capacidades.

El polo opuesto de un jefe odiado por todos es un jefe en quien se puede confiar y que transmite calma. Y, por supuesto, ni que decir tiene que además fortalece a la empresa.

Cuanto más creas en la necesidad de proteger tu estatus o tu posición, más espacio darás a preocupaciones innecesarias y más te costará encontrar la paz mental.

Si eres capaz de delegar fácilmente, sin aferrarte a tu posición, esas preocupaciones que te incomodaban se disiparán por sí solas y verás las cosas con una mirada amplia y un corazón exultante.

Este es el poema de despedida de Hosokawa Gracia, asesinada por el samurái al servicio de su familia para que no fuese tomada como rehén:

En este mundo, saber cuál es el momento justo para caer es lo que permite a las flores alcanzar su esplendor. Así es para nosotros.

¿No es de veras renovador ver a alguien que sabe cuándo renunciar y ceder las cosas?

8

RECONOCE LAS LIMITACIONES

*Solo podemos trabajar dentro de nuestras
posibilidades*

¿Qué tipo de connotación tiene para ti la palabra «limitación»?

Muy probablemente una de tipo negativo.

No obstante, vamos a intentar verla de una manera positiva. Por ejemplo, es crucial saber cuáles son tus habilidades para llevar a cabo un trabajo.

Sin embargo, es sorprendente la cantidad de personas que no son conscientes de esto. Ante una oferta de empleo, están dispuestas a hacerse con él sin que importe su adecuación al puesto.

No obstante, como las personas solo pueden trabajar con arreglo a sus aptitudes, si los requisitos del empleo escapan a estas, no serán capaces de hacer lo que se espera de ellas y no podrán conseguir resultados, lo que supone un problema para los demás.

A menudo sucede que sufrimos cuando nos enfrentamos con cosas que somos incapaces de hacer, y nos impacientamos, enojamos y decepcionamos, y acabamos por sentirnos desdichados. Esto abruma nuestro espíritu.

La clave para no caer en un aprieto similar es conocer nuestras limitaciones, y reconocer cuando se pondrán a prueba.

¿Entiendes lo que quiero decir? Por conocer tus limitaciones me refiero también a las aptitudes que sí posees; es decir, una buena comprensión de hasta dónde pueden llevarte.

Quienes conocen sus limitaciones no son incapaces; de ellos puede esperarse que harán su trabajo. Es una cuestión de fiabilidad. De forma consciente o inconsciente, raramente hacen alarde u ostentación de sí mismos, y quienes están a su alrededor se sienten más inclinados a confiar en ellos.

Evitan enfrentarse con sus límites. En consecuencia, se ahorran angustias y pérdidas de confianza innecesarias y pueden mantener una actitud tranquila.

Cuando lo piensas así, conocer tus limitaciones parece una forma valiosa de encontrar el equilibrio.

Hay, sin embargo, algo más que me gustaría que consideres.

Y es el modo de enfrentar tus limitaciones.

«¿Realmente es mejor para mí no tratar de ir más allá de mis aptitudes?»

Esa puede ser una manera de verlo, pero hay otra mejor que concede más libertad. Me refiero a que tengas en cuenta tu potencial.

Por ejemplo, piensas que tu aptitud está en, pongamos por caso, un nivel de 10, pero ¿y si tuvieras una oferta de trabajo que precisa de alguien que es un 12?

¿Rechazarías la oferta de inmediato suponiendo que el empleo excederá tus aptitudes?

Porque en ese momento puede ser que haya ciertamente una distancia entre tus aptitudes y el umbral para ese empleo. Y el trabajo puede ser difícil de hacer, en tu nivel actual, pero si sientes el impulso de ponerte a prueba y estás dispuesto a trabajar duro tal vez seas capaz de compensar la diferencia. Y creo que merece la pena tratar de alcanzar ese umbral.

Si, en cambio, el empleo requiere un nivel de 15 o de 18, en ese caso siendo tú un 10 quedaría completamente fuera de tu alcance; no tendrías modo de conseguirlo.

Pero si el reto consiste en llegar a subir de un 10 a un 12 hay mucho que ganar intentando superar nuestras limitaciones. Al menos así lo veo yo, pero ¿tú qué piensas?

En cuanto hayas accedido al siguiente nivel, ganarás confianza. Y, por descontado, tu aptitud aumentará. Naturalmente el umbral queda ahora situado mucho más arriba. Pero serás capaz de enfrentarte a él la próxima vez y seguir poniéndote a prueba.

Es importante conocer tus limitaciones. Pero es igual de necesario elevar la mirada hacia el siguiente umbral.

Espero de veras que consideres seriamente estas palabras.

PARTE DOS

CONCÉNTRATE ÚNICAMENTE EN LAS COSAS QUE PUEDES LOGRAR AQUÍ Y AHORA

Dejarás así de pensar en cosas innecesarias

9

RECONSIDERA LO OBVIO

*Te darás cuenta de que la felicidad se encuentra
en el momento presente*

«Quizá somos muy propensos a no expresar gratitud por las cosas de la vida que damos por descontadas.»

A menudo hablo de ello en mis conferencias, pero el mejor ejemplo de algo que damos por sentado puede ser la existencia de nuestros padres.

Damos por hecho que los padres estarán ahí, que se dedicarán en cuerpo y alma a sus hijos, que los protegerán y les ayudarán tanto abierta como veladamente...

A menudo solo cuando nuestros padres fallecen apreciamos lo afortunados que somos por haber contado con ellos.

«De la muerte de mi madre me entristece especialmente cuando recuerdo que ella siempre solía enviarme mis comidas favoritas del lugar del que yo procedo.»

«No tenía idea de lo difícil que era la relación con todos nuestros parientes. Mi padre siempre era el encargado de todo lo relacionado con ellos y nunca supe la carga que tuvo que representar para él.»

Ya sea de formas tangibles o intangibles, no nos damos cuenta de hasta qué punto nos apoyamos en nuestros padres. Todo cuanto hacen por nosotros —que damos por descontado— atestigua la magnitud del valor de nuestros padres, y muchas veces ni siquiera se lo reconocemos.

Ekiho Miyazaki, abad de un templo zen soto, dijo: «Hay una manera apropiada de hacer las cosas, en el momento apropiado y en el lugar apropiado».

Incluso después de cumplir cien años, Miyazaki Zenji mantuvo las mismas prácticas ascéticas que las de los monjes jóvenes.

Sé que sus palabras parecen una obviedad.

Pero creo que lo que quiso decir era que seamos aún más agradecidos si cabe al percatarnos de que ese estado de obviedad es, en sí mismo, iluminación zen.

¿Y si cada uno de nosotros se tomase el tiempo de reconsiderar todo aquello que nos rodea y que damos por sentado? Por la mañana nos levantamos y el desayuno ha sido preparado. Vamos al trabajo y nuestra mesa de trabajo está intacta. Cuando algo sucede, bueno o malo, lo decimos y nuestros amigos se unen a nosotros para tomar algo. Nos basta con mirar los rostros dormidos de nuestros hijos para decir que están creciendo como es debido…

Estas cosas «obvias» que están aquí ahora mismo, ¿cuánto nos sirven de apoyo y sostén, o nos proporcionan confort, aliento e inspiración?

Te pido que repares en ello. Al hacerlo, experimentarás un profundo cambio espiritual. El enfado que sentías con tu familia, el trabajo mal hecho, el amigo que no estaba por ti... Todo eso desaparecerá. Te sentirás realizado en este momento, aquí y ahora.

Cuando empieces a valorar las cosas que siempre has dado por sentadas, no tardarás en sentirte agradecido por todo..., incluso por cosas aburridas, enojosas y deprimentes. Con esta actitud bien presente en tu mente, el sentido de la gratitud se mantendrá en ti siempre y tendrá un profundo efecto en tu vida.

10

NO TE APRESURES,
NO SEAS PRESA DEL MIEDO

Una vez al día, asegúrate de hacer un alto

«En toda mi vida jamás he dejado de perseguir mis metas.»

Cuando escuchas a personas de éxito decir cosas así, es fácil no sentirse impresionado, y al mismo tiempo podrías decir para tus adentros: «Hmm, en fin, mi vida parece estar en un punto muerto; estaré dejándome vencer por la pereza».

Hay personas que van al límite de sus fuerzas, sin parar, y cuyas vidas parecen por esa razón plenas y deslumbrantes.

Sin embargo, no todo el mundo es capaz de vivir así.

Pensemos por ejemplo en una escalera: hay personas que suben varios tramos sin detenerse, mientras otras suelen tomarse un respiro en los descansillos a medida que van subiendo. Una vez que han tomado aire, pueden mantener su ritmo con renovado vigor. Y puede que este enfoque, aunque diferente al de subir sin detenerse, tenga sus ventajas.

En el zen existe algo similar.

Nosotros decimos: «Por cada siete veces que corras, debes sentarte una vez».

En sí mismo no hay nada equivocado en pasarse la vida corriendo, pero en el pensamiento zen quedarse inmóvil no es malo. Muy al contrario, el zen enseña que se trata de algo de una enorme importancia.

La quietud nos permite reflexionar sobre nosotros mismos, examinar cómo lo hemos estado haciendo. En cuanto a quienes puedan decir: «No necesito reflexionar; ¡tengo muy claro lo que hago con mi vida!», en fin, puede que sí o puede que no.

Otros podrían preguntarse: «Una vez que dejas de moverte, ¿no será difícil ponerse en marcha de nuevo?». Pero no hay nada que temer: simplemente intenta quedarte quieto y juzga por ti mismo.

Creo que es especialmente útil hacer una pausa cuando tropiezas o fracasas. Siempre hay una causa para los traspiés y los fracasos, y es importante identificarla. Hacer una pausa a fin de comprender; es decir, una oportunidad para la reflexión cuando sufrimos el fracaso, para examinar cómo o por qué hemos fracasado.

Si sigues adelante sin investigar la causa, olvidas los tropiezos y fracasos. Y algún día esto tendrá consecuencias. En un futuro te recordarán las cosas que dejaste olvidadas, y tendrás que retroceder para recuperarlas. En otras palabras, seguirás cometiendo los mismos errores.

Konosuke Matsushita, el fundador de Panasonic, la mayor empresa japonesa de electrónica de consumo, dijo en cierta ocasión:

«Las personas lo bastante abiertas de mente para reconocer sinceramente la causa de su fracaso —para poder decir: "Fue una buena experiencia; aprendí una lección valiosa"— son las que avanzarán y mejorarán».

Para convertir tropiezos y fracasos en experiencias positivas y sacar lecciones de ellas es necesario arrojar luz sobre sus causas. Hay cosas que deben hacerse aquí y ahora, y para abordarlas es importante hacer una pausa. Incluso un titán de la industria tiene la humildad de reconocerlo.

Por supuesto que merece la pena —no solo cuando tropieces o fracases— hacer una pausa y preguntarte, cuando lo creas oportuno: «¿es así como debe ser?».

Es una idea —«practica la pausa»— proveniente de un texto clásico chino. El concepto es que al menos una vez al día es importante hacer un alto y reflexionar sobre nosotros mismos.

Ante el hecho de ver cómo nuestros amigos y colegas se apresuran delante de nosotros, permanecer inmóviles puede resultarnos incómodo. Pero tanto el zen como los clásicos chinos nos aseguran que todo saldrá bien: podemos hacer una pausa sin preocuparnos. Te animo a que dediques un tiempo a pensar en toda clase de cosas, no solo en cómo ir adónde quieras ir en la vida.

11

REACCIONA POSITIVAMENTE

No pasa nada si sientes abatimiento, pero no tardes en levantarte de nuevo

No hay vida plana, monótona. Cada vida tiene sus picos y sus valles.

«Cuando las cosas no van como quiero yo —en el trabajo, en las relaciones personales, con mi salud—, mi ánimo se vuelve sombrío y caigo en el abatimiento.»

Ese sería unos de los valles. Sin embargo, cuando nos vemos en un pico, podría ser que sobrestimemos nuestras aptitudes o que menospreciemos a los demás por arrogancia.

En el budismo llamamos *zojoman* a esta confianza excesiva en uno mismo. No podemos olvidar nuestro estado imperfecto y caer en una actitud de soberbia, como si ya hubiésemos alcanzado la iluminación. Así se origina un círculo vicioso.

Por supuesto que, como seres humanos, no somos capaces de mantener una mente inquebrantablemente calmada y tranquila ante cualquier cosa que pueda ocurrir o frente a toda circunstancia en la que podamos vernos envueltos.

Futabayama, el inigualable luchador de sumo *dai-yokozuna*, ostenta el récord de todos los tiempos con 69 victorias consecutivas. Pero al buscar la victoria en un septuagésimo combate, perdió, tras lo cual se dice que mandó un telegrama a su maestro en el que se leía:

«El Gallo de Pelea aún se me escapa».

Estas palabras aluden a una fábula del sabio chino Chuang Tse. La historia trata del entrenamiento de un gallo de pelea, al que adiestraban para ser insensible al canto de los demás gallos. Una vez que el gallo alcanzara la perfección de atacar cuando fuese debido y de ser indiferente como un gallo de madera cuando no fuera así, sería invencible. Derrotado por su oponente en su septuagésimo combate, Futabayama expresaba en el mensaje a su maestro su remordimiento por no haber alcanzado todavía ese nivel.

Incluso con un temperamento, una técnica y una condición física envidiables, Futabayama aún vacilaba, y alcanzar el estado del «Gallo de Pelea» se revelaba extremadamente difícil.

Ante sucesos adversos, o cuando nos hallamos en una posición difícil, no pasa nada si nos sentimos abatidos. Pero luego convierte tu actitud negativa en una positiva. Esa es la manera zen de pensar.

He aquí una anécdota sobre un monje zen.

En un viaje que era parte de su preparación ascética, un monje pasó una noche en una choza destrozada. Las condiciones eran tan penosas que caían hojas por un agujero del techo y para protegerse del frío el monje tuvo que levantar las tablas del suelo para quemarlas y calentarse. En definitiva, cayó en el desaliento.

Pero cuando levantó la mirada, vio la luz de la luna brillar a través de las grietas irregulares en el techo y se sintió envuelto por aquellos rayos de luz.

El monje cobró conciencia de que aquella era, en realidad, una experiencia extraordinaria. Los pensamientos sombríos que habían ocupado su mente se disiparon y él se sintió henchido de gozo.

La choza seguía sin protegerlo apenas del frío. Pero en lugar de dejarse vencer por el desánimo, consiguió cambiar su mentalidad para hallar la alegría en el momento.

Cuando no puedes entender por qué te suceden ciertas cosas, es natural lamentarse y mostrar contrariedad ante la situación.

Pero no tiene por qué ser así. Mi esperanza es que puedas encontrar una forma más positiva de reaccionar, diciéndote: «Puedo superarlo en lugar de dejar que me altere. ¡Puedo aguantar!».

Las personas dicen también: «Dios nunca nos da más de lo que podemos soportar». Cuando las cosas parezcan desalentadoras, y te sientas desmoralizado o como si estuvieras entre la espada y la pared, recuerda esto y serás capaz de salir adelante.

Este es el tipo de pensamiento que puede cambiar tu mentalidad.

El tipo de pensamiento que puede devolverte al aquí y ahora.

¿Cómo encontrar un rumbo diferente?

Dicen que mudamos nuestra piel para madurar, pero a mí me parece que, para hacerlo, debemos atravesar diversas dificultades o adversidades.

En otras palabras, las dificultades o adversidades ponen ante nosotros oportunidades para que mudemos nuestra piel y crezcamos. Se puede incluso decir que deberíamos ver con buenos ojos esas oportunidades.

El monje budista Ryokan, que vivió gran parte de su vida como ermitaño pero era muy querido por los niños, escribió una vez esto:

«Es bueno sufrir un infortunio cuando se sufre un infortunio».

El espíritu posee ciertamente el poder de cambiar.

Si tenemos esto presente, podemos ver que nuestros problemas y tribulaciones son en realidad oportunidades.

12

DALE VALOR A LA MAÑANA

La mejor manera de crear un espacio mental

Me gustaría hablar sobre cómo utilizar tu tiempo en lugar de ser utilizado por él.

Para estar en buen estado mental y físico —aún mejor, para vivir con vigor— es importante no alterar el ritmo de tus días. Si cambias continuamente de un día para otro el momento de levantarte por la mañana y el de acostarte por la noche, no puedes mantener una salud óptima ni soportar el agotamiento mental que ello provoca.

Es más, la naturaleza humana tiende a la pereza; podemos ser tan holgazanes como nos propongamos serlo. Si sucumbimos a la pereza, esta no tiene fin y las cosas solo irán a peor. Es necesario ponerle freno en algún momento.

¿Y si creas tus propias reglas para mantener tu ritmo diario?

Merece la pena prestar atención a la rutina matinal.

Dale valor a la mañana.

No me canso de insistir en ello. Y entre las reglas para darle valor a la mañana, la más importante que hay que respetar a rajatabla es esta: «Levántate temprano, a la misma hora cada día».

Al levantarte temprano crearás espacio en tu mañana.

Algunas personas duermen hasta tan tarde como pueden, luego se hacen un café a toda prisa solo para bebérselo de un trago y dejar la taza en el fregadero antes de salir disparadas a la estación de tren... ¿Te suena familiar?

Cuando el día empieza así, es fácil imaginar cómo transcurrirá el resto de la jornada. Sin tiempo sobrante, vamos mentalmente a la carrera y apenas nos queda tiempo para respirar. Y así es probable que olvidemos cosas y muy posible que cometamos errores.

Considera el siguiente dicho zen: «Las horas de tu día te agotan, mientras ese anciano monje puede disponer de las suyas al máximo».

Es de Chao-chou, un maestro zen que vivió durante la dinastía Tang.

Hace hincapié en la importancia de usar bien tu tiempo, pero comenzar tu día como una agobiante comedia circense es exactamente la manera opuesta de iniciarlo. Es el ejemplo perfecto de acabar agotado por tu tiempo, de estar a su merced.

Levántate temprano, deja entrar un poco de aire fresco en tu habitación, observa la estación siempre cambiante al otro lado de la ventana o de la puerta mientras respiras profundamente. Es todo lo que necesitas para que tu sangre fluya y para llenarte de energía. Presta atención al canto de los pájaros, a la brisa, o las hojas de los árboles que cambian de color; tu sensibilidad se verá estimulada y potenciada.

Mientras saboreas una taza de té o café tras el desayuno, tanto la mente como el cuerpo hacen suya la frescura de la mañana y te llenas de motivación para aprovechar el día al máximo.

¿No te parece una mañana esplendorosa?

Esto es lo que significa utilizar tu tiempo al máximo.

Además, cuando el día empieza así, es fácil imaginar cómo transcurrirá el resto de la jornada. El tiempo de calidad fluye de un momento al siguiente.

Lo diré de nuevo: la clave para emplear de la mejor manera todas las horas del día está en la mañana.

Creo que esta regla de darle valor a la mañana es especialmente relevante para quienes se acercan a la jubilación y para quienes ya han llegado a ella. La jubilación es un momento crucial de la vida, un punto de inflexión en el modo de comenzar el día. Con más razón todavía, porque no encararla con la atención que requiere puede ocasionar problemas. Si todo lo que hemos hecho es dedicarnos en cuerpo y alma a nuestro trabajo, entonces cuando este concluye es fácil perder el impulso o que decaiga nuestro espíritu.

Suele ocurrir que alguien se jubila y parece envejecer de golpe. El valeroso exguerrero de una empresa se convierte en el tipo desdichado ahora siempre de camino a casa; algo en absoluto infrecuente.

Se levanta por la mañana cuando se le antoja, y holgazanea hasta el mediodía dejándose llevar por una ociosidad decadente. Sin nada que hacer, deja encendida la televisión en un programa que no le interesa y se limita a estar sentado sin mirarla realmente...

Si te abandonas hasta el punto de volverte así, tu vida cotidiana podría fácilmente seguir un ritmo como ese. Y a consecuencia de ello, la ansiedad, la preocupación y el temor innecesarios pueden comenzar a adueñarse de ti.

Puede que haya llegado el momento de dejar la profesión, pero nadie nos dice que debamos jubilarnos de la vida. Tenemos que tratar con el mayor cuidado esta preciosa vida que nos ha sido dada.

Y como he dicho, la mañana es la clave.

Igual que cuando ejercías tu profesión —más si cabe, de hecho—, empieza cada día teniendo bien presente la importancia de la mañana. Así tus días rebosarán de vida.

Se renovarán tus sentidos; quizá empezarás a interesarte por otro tipo de actividad, o por hacer un voluntariado, o por aficiones para las que nunca tuviste tiempo mientras trabajabas... Te doy mi palabra de que alguna de estas cosas te ocurrirá. ¿No sería una jubilación encantadora ponerte al día con tus habilidades culinarias e invitar de cuando en cuando a tu familia a comer?

Esta sencilla regla, darle valor a la mañana, ahuyentará los sentimientos de desesperanza —que no hay nada que hacer ni hoy ni ningún día— y propiciará un período enriquecedor en que sentirás que vives la vida en el aquí y ahora en la mayor medida posible.

13

VIVE CONFORME A TUS PROPIOS CRITERIOS

No te dejes arrastrar por los valores de otras personas

En nuestro paso por la vida todos somos muy conscientes de las convenciones sociales.

La sociedad se mantiene sobre la base de nuestra participación en las convenciones sociales. Si cada cual se desviase de las mismas e hiciese lo que se le antojara, la sociedad se volvería un caos.

Es bueno mantener las convenciones sociales. Pero me parece que solo es posible adherirse a ellas a costa de nuestro sentido del yo.

Cuando estamos sujetos a las convenciones sociales, limitamos nuestra imaginación, somos incapaces de actuar sin reservas, nuestra mente se torna rígida. ¿No parece a veces que es como si estuvieras encadenado de pies y manos por las convenciones sociales?

Para poder liberarnos, necesitamos nuestros propios criterios con el fin de evitar tomar la senda equivocada en la vida. Necesitamos unos cimientos básicos en lo tocante a las convenciones sociales, sostenidos por nuestra propia interpretación de las cosas y por unos principios rectores que nos permitan, cuando la ocasión lo requiera, desviarnos de la norma y tomar nuestras propias decisiones. A esos principios los considero criterios.

Así pues, ¿cómo desarrollar esos criterios?

La única manera de hacerlo es poniéndolos uno mismo en práctica a medida que ganamos experiencia.

El zen subraya la práctica por encima de cualquier otra cosa.

Hay un *zengo* que nos enseña que «la iluminación espiritual solo llega a través de la experiencia personal». Mirando el agua desde una embarcación no puedes decir si el agua está fría o tibia; el único modo de averiguarlo es probándola o tocándola. Actuar es más importante que pensar.

Ahora que la información es abundante, el conocimiento —todo el que queramos— es fácil de encontrar. Si buscas en internet páginas relativas a las convenciones sociales y a liberarse de ellas, encontrarás miles de resultados.

Pero si te tomas el tiempo de leerlos, verás que abordan una variedad de asuntos inconexos.

Cuando te encuentres en una situación que te exija decidir si debes atenerte a las convenciones sociales, la mera acumulación de conocimiento en tu cerebro no te será de ayuda.

Al ganar experiencia y poner las cosas en práctica tu cuerpo aprende —es decir, puedes tomar la decisión correcta con la guía de tu propio cuerpo— y, por supuesto, la acción apropiada no tarda en producirse. No puedes desarrollar criterios solamente desde el conocimiento.

Koshu Itabashi, que fue abad de un templo zen soto, se concentraba en la práctica de sentarse al modo *zazen* —un tipo de meditación— o, conforme al *samu*, en hacer las tareas domésticas del templo como si fuese un monje en formación y no el sumo sacerdote.

Al ver a alguien de su importancia dedicado a tales menesteres, los monjes solían decirle: «De ninguna manera es necesario que practique el *samu*. Por favor, descanse confortablemente en su habitación». Pero Itabashi Zenji se envolvía un *tenugui* en la cabeza, se ponía sus ropas de trabajo y hacía la limpieza con los demás monjes. Oí que incluso después de haberse jubilado en ocasiones todavía salía al exterior y pedía limosna.

Por supuesto que esto excede los requisitos que imponen las convenciones sociales, pero demuestra que se tuvo que establecer un criterio superior.

Aunque siempre en busca de sus propios criterios, Itabashi Zenji jamás se alejó de la práctica, prosiguiendo así su acumulación de experiencia.

Verdaderamente esa es la encarnación de la inagotable enseñanza zen. Los criterios son perfeccionados por la práctica y la experiencia, y a medida que se van perfeccionando te hacen más libre.

En las *Analectas* de Confucio se lee el siguiente pasaje:

«A los setenta los deseos de mi mente no sobrepasan lo correcto».

Lo que Confucio quiere decir con ello es que seguir sus deseos y actuar no transgrede ninguna regla.

Tiene que ver con vivir libremente con arreglo a tus propias reglas (sin importar si sigues las convenciones sociales), y cómo al hacerlo permites que tu verdad innata se corresponda con la forma de vivir tu vida. Eso es lo que sucede cuando desarrollas los criterios que se han asentado en tu corazón.

De modo que te animo a que desarrolles tus propios criterios teniendo esto en mente: la práctica primero y la experiencia en segundo lugar.

Tus criterios se perfeccionarán, aunque solo sea un poco cada vez. Sentirás mayor seguridad, libre de la ansiedad, la preocupación y el temor que surgen al compararte con los demás, y te sentirás libre para ser lo que eres.

14

NO BUSQUES LO
INNECESARIO

Basta de empacharnos de información

Me gustaría hablar acerca de la relación entre nuestra sociedad movida por la información y el corazón y la mente.

Vivimos una época de una gran interconexión en que la información es abundante. Y ni qué decir tiene que la rápida evolución y la extensión de internet no ha hecho sino contribuir a ello.

Ciertamente hay algo deseable en la conveniencia de poder acceder a una gran variedad de información, pero, al mismo tiempo, creo que también puede originar problemas.

Lo que quiero decir es que un exceso de información inhibe nuestra capacidad para tomar decisiones.

Por ejemplo, digamos que estás pensando en hacer algo para fortalecer tu salud. «Quizá que investigue un poco», te dices, y haces una búsqueda en internet que solo sirve para que una avalancha de información te abrume.

Al mirar los resultados de la búsqueda, ves que hay demasiadas opciones; y te sientes inseguro para tomar una decisión. «Esto parece que está bien, pero esto otro también parece eficaz. ¿Y eso otro? Y esto tampoco puedo descartarlo…»

Esto pasa con cada situación; también en el trabajo. «Esto parece prometedor.» «Añadamos esa condición.» «Si eso interesa, ¿no deberíamos quizás intentarlo?» «Si hablamos de salario, esto también podría estar bien…» Y así.

Cuando se trata de tu profesión, la pregunta más importante que debes hacerte es «¿Qué quiero hacer?». La elección de tu trabajo afecta profundamente a tu manera de vivir.

Averiguar qué quieres hacer o cómo quieres vivir no depende de cuánta información acumules. La respuesta solo puedes encontrarla en tu interior. Y para hallarla, tienes que empezar por considerar esas preguntas con detenimiento.

Para decirlo de otra manera, se trata de interrogar a tu corazón y decidir dónde volcar tus esfuerzos.

En este contexto, la información puede ser fuente de dudas.

Por ilógico que parezca, cuando tienes un exceso de información tu mente no sabe qué hacer con ella. Y cuando la mente se desata, la duda asoma, junto con la ansiedad.

En una época casi todo el mundo en Japón trabajaba en el negocio familiar, generación tras generación. Quienes trabajan en el campo son el ejemplo típico, pero también quienes dominaban un oficio, y los artesanos legaban sus habilidades de padres a hijos, nietos, etc.

Sin necesidad de elegir, los esfuerzos de la gente no se dispersaban y podían dedicar todo su empeño a su labor. Y el hecho de estar completamente centrados contribuía a su sentido de plenitud en la vida.

Se podría decir incluso que no tener elección no dejaba espacio para la duda o la ansiedad en lo tocante a su trabajo. Pero tampoco eran personas atormentadas por vanas ilusiones y por preocupaciones del modo en que lo están las personas hoy en día; y no solo en el trabajo sino en la vida en general.

Por supuesto, es importante señalar que contar con más opciones significa gozar de unas posibilidades más amplias. Pero la clave está en limitar las opciones. Piénsalo de esta manera: céntrate en decidir dónde volcar tus esfuerzos, luego recoge únicamente la información considerada necesaria para esa finalidad; aún contarás con varias opciones.

Cuando hayas interrogado a tu corazón y a continuación hayas elegido el trabajo o decidido un curso de acción basado en lo que tu corazón te haya dicho, ya no dudarás; ni siquiera si los resultados que esperas no llegan enseguida.

Intenta llevar esto a la práctica lo mejor que puedas. Y aquí viene lo importante, como dijo Rinzai Gigen, el fundador de la escuela rinzai de budismo:

«Sé tú el maestro vayas donde vayas. Y así, allí donde te encuentres, las cosas serán como son en realidad».

Eso significa que sean cuales sean las circunstancias, si te esfuerzas en hacerlo lo mejor que puedas en el aquí y ahora, harás realidad tu protagonista potencial o aquel que estás destinado a ser.

Un protagonista no se deja engañar por informaciones que corren desenfrenadas, no permite que su concentración oscile de acá para allá. Su mirada está siempre fija en una dirección.

Alguien que es protagonista mantiene una postura firme, forjando una senda con su determinación. Se podría decir que dirige su vida guiándose por la certeza.

Cada cual es capaz de convertirse en su propio protagonista, y ello en cualquier momento y lugar.

Pero antes que nada tenemos que centrar nuestros esfuerzos. Concentrarnos en el aquí y ahora.

¿Por qué no empezar por ahí?

15

DESTACA ESTÉS DONDE ESTÉS

Si no ahora, ¿cuándo?

¿Estás realmente comprometido con el trabajo que haces?

¿Te resulta gratificante, disfrutas cada día?

Aunque no tengo datos que lo respalden, puedo imaginar que un buen número de personas responderían probablemente a estas preguntas diciendo: «En realidad no».

Me parece que muchos jóvenes tienen tendencia a renunciar enseguida a sus empleos, o simplemente a abandonar cualquier ocupación, aduciendo que el trabajo no les conviene o que sienten que no es aquello que están destinados a hacer.

La versión japonesa del proverbio «La paciencia es la madre de todas las virtudes» hace referencia a la necesidad de pasar tres años encima de una roca, con la conclusión de que cada cual posee los recursos y la determinación para perseverar en aquello a que sé esté dedicando. Esta noción parece, sin embargo, una reliquia del pasado, una sensibilidad que ahora está obsoleta.

Las personas parecen hoy en día poco comprometidas, sin vigor. Este parece un sentimiento extendido. Puede sonar hostil, pero no puedo evitar pensar que una característica dominante de la presente generación es una tendencia a considerarlo todo —del trabajo a la vida personal— como «aburrido».

El aburrimiento conduce a la insatisfacción y a la queja, que se convierten en un semillero de preocupaciones. Pregúntate si en tu caso es verdad lo siguiente:

¿Eres capaz de comprometerte verdaderamente con el trabajo, al margen de lo que estés haciendo? Sea como sea tu vida, ¿consigues que sea sobresaliente y disfrutas con ella?

¿Cuál ha sido tu respuesta?

Una cosa es segura: una labor de veras interesante no se materializa simplemente de la nada. No puedes limitarte a quedarte esperando a que llegue la vida que quieres.

De modo que debes comprometerte a fondo con el trabajo que estés haciendo aquí y ahora. No hay más opción que disfrutar en el momento que estás viviendo.

Hay un *zengo* que da una pista de cómo lograrlo:

«Convierte la tierra ancha en oro».

Significa que, no importa donde te encuentres, debes hacerlo lo mejor que puedas y poner todo el empeño, aquí y ahora. Esto hará resplandecer el lugar donde estés y que brille como el oro.

No existe tal cosa como una tierra dorada resplandeciente. Eres tú quien la crea. Aun si te parece que tu empleo no te conviene, o que no es lo que quieres hacer, haz tuyo el trabajo con el que estás comprometido aquí y ahora.

Si no pones todo tu empeño en lo que estás haciendo aquí y ahora, ¿cuándo y dónde crees que lo harás?

Hay un episodio famoso en la vida de Dogen Zenji:

Cuando comenzaba su formación, fue a estudiar con el maestro Rujing en la montaña Tiantong de China. Cierto día, Dogen Zenji vio a un anciano sacerdote que servía como jefe de cocina en el templo. Estaba colocando unas setas shiitake para que se secaran en el calor del verano y no llevaba ningún sombrero bajo el sol abrasador. Dogen Zenji llamó al viejo cocinero: «¿Por qué debes hacer ahora ese trabajo con el calor que hace? Quizá te conviene esperar hasta que los rayos del sol tengan menos fuerza».

A esto, el anciano sacerdote replicó: «No hay más tiempo que ahora».

Lo que quiso decir era esto: «¿Cuándo debería hacerlo si no ahora? ¿Cuándo será el momento adecuado? Ese momento jamás llegará».

Se dice que Dogen Zenji quedó profundamente impresionado por las palabras del viejo cocinero. Si dispones tu mente para aceptar que únicamente tenemos el ahora, que únicamente tenemos el aquí, puedes aprender un truco para la superación espiritual que te permitirá ir en serio con tu trabajo y con el disfrute de la vida.

Verás cómo dejar tu propia impronta en ese trabajo que supones que cualquiera puede hacer, y apreciarás que ya no es lo de siempre.

Tal vez descubras incluso que estás colmado por un deseo de poner todo tu empeño en el aquí y ahora. Y así el mundo que te rodea puede parecer completamente distinto de lo que había sido antes.

Al dejar tu propia impronta en las cosas, un trabajo que puede hacer cualquiera se convierte en un trabajo que únicamente tú puedes hacer a tu manera.

Incluso puede que otros comiencen a preguntarse cómo pueden hacer las cosas de una manera que sea un reflejo de la tuya.

Es así como causas impacto en los demás y creas una presencia.

Cuando pones todo el corazón en lo que haces, eres capaz de alcanzar la plenitud del momento y disfrutar de ello. La duda y la ansiedad se desvanecen, y ves las cosas de una forma más positiva.

Y así, en el aquí y ahora, sobresales.

Mantén una postura firme allí donde te encuentres y prosperarás.

16

NO VAYAS CONTRA TUS SENTIMIENTOS

Así es como te liberas de las cosas

Siempre te preocupas por las cosas o te enfadas enseguida.

¿Cómo puedes tener más control de tus emociones?

Para lograrlo, aconsejo el estado de mente clara, que nosotros denominamos *mushin*.

Cuando te encuentras en un estado de mente clara, las emociones no te zarandean. En lugar de ir y venir entre la alegría y la tristeza, la esperanza y la desesperanza, tu estado de ánimo permanece en todo momento sereno.

No obstante, el *mushin* no es una tarea sencilla; es bastante difícil alcanzarlo. Especialmente al sentarse al modo *zazen* puede surgir un fuerte estímulo para «vaciar tu mente», y eso mismo se convierte en lo que te encadena. Tus pensamientos acaban dando vueltas en torno a una obligación: «No pienses en nada».

Al sentarse al modo *zazen*, el alud de pensamientos que asaltan tu mente es inevitable.

Dejemos que vaguen sin rumbo y se vayan a la deriva.

Se disiparán por sí solos.

Déjate llevar por el flujo de esos pensamientos que aparecen y desaparecen. Es así como te acercas al estado mental *mushin*.

Cuando arrojas una piedra a un estanque, esta crea ondas que se propagan hacia fuera. Si intentases aquietar las ondas introduciendo la mano en el agua, solo se generarían ondas más complicadas. Al dejarlas libremente, verás como van aquietándose poco a poco, hasta que finalmente la superficie vuelve a ser un espejo.

Tu mente no es diferente.

Hay un *zengo* que dice: «La nube carece de ego. El desfiladero no la deshace».

Significa que la nube no está encadenada a ninguna cosa; cambia de forma con el viento, yendo adonde haya que ir, pero jamás deja de ser una nube. Manifiesta un estado *mushin*.

A diario nos encontramos con toda clase de situaciones. Cosas buenas y malas. Cosas que nos alegran y otras que no podemos soportar. Sin embargo, si nos dejamos encadenar por ellas, sea lo que sea, seremos presa de una enorme agitación.

«¡No puedo creer que dijese eso! Menudo estúpido. ¡No quiero saber nada más de él!»

Luchamos por resistir esos estallidos de ira que surgen en nuestro corazón. Nos consumen. Cuando llenan nuestra mente, la agitación nos domina y se resiste a ceder.

Las emociones humanas son, qué duda cabe, la esencia de nuestro ser, de modo que es natural que nos entreguemos a ellas, pero en la medida que intentemos hacer todo lo posible para vencerlas siempre ocuparán un lugar principal en nuestra mente y nunca podremos escapar de ellas.

Una estaca de madera clavada en la tierra queda fija e inmóvil. Por más ráfagas de viento que haya, sigue en su sitio. Sin embargo, si finalmente el vendaval arrecia con fuerza, es probable que la estaca acabe por partirse.

En cambio, el bambú es flexible y se dobla con el viento, de modo que ni tan solo una tormenta puede romperlo. Al amainar, el bambú recupera su forma natural, manteniéndose alto y recto. Se entrega al viento; cuando sopla y cuando cesa.

No hay necesidad alguna de ser indiferentes a pensamientos y sentimientos intensos. Entrégate simplemente a su flujo a medida que aparezcan y desaparezcan.

Así es como te liberas de ellos. Cuando los sientas, deja que la tensión disminuya y céntrate en el «ahora». Tu mente se relajará y se hará flexible.

Y allá vamos, aproximándonos al *mushin*, el estado de la mente clara.

17

HAZ QUE TUS NOCHES
SEAN TRANQUILAS

*Avanzada la noche, no es momento para tomar
grandes decisiones*

Permíteme preguntártelo: ¿tus noches son tranquilas?

Parte de la práctica zen es un *zazen* nocturno.

En ciertos templos zen soto, esa práctica empieza alrededor de las 8 p.m. Para los monjes se trata de un rito nocturno para calmar la mente antes de acostarse.

Piensa en lo siguiente: ¿acudes a un bar noche tras noche después de trabajar, contándole tus quejas a la copa? Ahogar tus problemas en alcohol puede ser una solución transitoria, pero al día siguiente puede que te deje con una sensación no tan satisfactoria, ¿cierto?

Lograr que tus noches sean tranquilas resulta algo sorprendentemente difícil. Durante el día, las prisas en el trabajo ocultan tu ansiedad, la preocupación y el temor, pero por la noche se agrandan.

Una vez que tu mente queda atrapada por ellos, puede ser arduo quitárselos de encima. Creo que esto guarda una estrecha relación con la oscuridad de la noche, pero es un rasgo de la noche que las preocupaciones engendren preocupaciones y que las dudas no hagan sino crecer.

Tras una noche sin pegar ojo, ¿no hemos notado todos que las cosas parecen muy diferentes con la luz de la mañana? Tus problemas no parecen tan espantosos y te limitas a preguntarte por qué estabas tan angustiado.

Las decisiones a una hora avanzada de la noche son proclives al error. Es más, ponerse a dar vueltas a todas las preocupaciones de la mente estimula el cerebro y puede hacer imposible conciliar el sueño.

Por eso uno de los trucos para conseguir que las noches sean tranquilas es evitar, tanto como sea posible, tener que tomar decisiones en ese momento.

Este consejo se basa en la experiencia de un economista célebre. Solía ser durante la noche cuando él se informaba por la televisión e internet, pero en cierto momento decidió dejar de hacerlo; por las noches se desconectó de todas las noticias. Y por las mañanas se sentía más tranquilo que nunca y más lúcido a la hora de tomar decisiones.

Cuando recoges información, no puedes evitar procesarla y darle vueltas.

No le prestes atención.

Esta parece ser una de las maneras más efectivas para lograr que las noches sean plácidas.

Otra manera eficaz de alimentar la serenidad es dedicarle tiempo a aquello que te hace sentir bien y te ayuda a relajarte.

Por supuesto, esto variará de una persona a otra. A algunas personas les puede gustar leer una novela o leer con el mayor detenimiento las páginas de una antología poética reconfortante. Si te gusta escuchar música, convierte la noche en tu momento para hacerlo. Si estás pensando en hacer manualidades u otra afición, haz de la noche tu tiempo para dedicarte a ello.

Tal vez quieras encender incienso o tu vela favorita y tomar un largo baño.

Dándole tiempo al placer, sentirás de una forma natural una mayor tranquilidad y estarás más a gusto. Convertirlo en un rito nocturno antes de acostarte, no es menos zen que un *zazen* nocturno. Acabas mejorando la calidad de tu sueño y te despertarás con las energías renovadas y a punto para afrontar el día.

PARTE TRES

EVITA COMPETIR Y LAS COSAS ACABARÁN ENCAJANDO

«Cada persona responde de sí misma y yo soy quien soy.»

18

NO TE OBSESIONES CON
LA VICTORIA NI LA DERROTA

Carece de importancia que ganes o pierdas

«¡No puedo permitir que a ese tipo que empezó al mismo tiempo que yo lo asciendan y a mí no!»

«Han publicado las clasificaciones mensuales del departamento; ¿qué puedo hacer?»

Debido a que los sistemas basados en el rendimiento influyen tanto en el trabajo moderno, cualquiera que se dedique al comercio tendrá muy presentes sus logros.

Lo que conduce a comparar tus resultados con los de los demás.

Como si estuvieses en una competición.

Por supuesto que la competición puede suponer un aliciente.

Pero al mismo tiempo convierte a todos en meros ganadores o perdedores; de modo que si consigues mejores resultados que el tipo que comenzó en la empresa al mismo tiempo que tú, te sientes en la cima del mundo, pero si tu rendimiento no es tan sobresaliente, se te cae el alma a los pies. Y estás siempre a merced de esos altibajos emocionales. Ese es, indiscutiblemente, un rasgo de la competición.

Me parece que la causa de una cantidad significativa de estrés en el trabajo se debe al énfasis excesivo en ganar o perder.

Es más, si únicamente se piensa en ganar y perder, se da alas a una mentalidad basada en obtener la victoria a toda costa. Lo cual puede inducirte a reservarte información que debería ser compartida con los colegas del trabajo, y a desear secretamente que cometan errores.

Esto es algo lamentable. Aunque no es tan infrecuente en el mundo de los negocios que unas personas hagan la zancadilla a otras o las apuñalen por la espalda.

Es entonces cuando empiezan los problemas.

Supón que te las arreglas para ganar sin miramientos. ¿No tendrías escrúpulos al celebrar tu triunfo? ¿No sentirías alguna culpa por el modo de haberlo logrado?

Ganar a toda costa deja malos sentimientos.

Es así la naturaleza humana.

¿No es hora de abandonar esa obsesión por la victoria y la derrota?

Dice un *zengo*: «Aunque soplen los ocho vientos, mantente impasible».

En nuestras vidas estamos expuestos a vientos diversos. Algunas veces soplan vientos favorables en nuestro camino, y en otras ocasiones, vientos contrarios rugen a nuestro alrededor.

Pero si nos mantenemos impasibles frente a todos ellos, podemos apreciarlos todos.

Cuando nuestro rendimiento es mayor que el de nuestros colegas de trabajo, sentimos una especie de viento favorable. Por el contrario, si quedamos por detrás de ellos, podemos vivirlo como un viento adverso. Pero esto no es «ganar» ni «perder».

Se trata sencillamente del soplo de vientos intermitentes diversos. Debemos limitarnos a verlos como parte de la naturaleza.

Hacerlo es afrontar estas situaciones con sinceridad.

Lo cual quiere decir que en lugar de mirar las cosas desde la perspectiva de otra persona, tenemos que mirar hacia dentro, a nuestro propio corazón.

«¿Le diste a este proyecto todo lo que tenías?»

«Te conformaste con dejar las cosas en ese punto, pero ¿no crees que podrías haber hecho algo más?»

Puede haber por supuesto momentos en los que puedas decirte honradamente que has hecho todo lo que estaba en tu mano, que has puesto toda tu energía. Cuando puedes decir con sinceridad que has puesto todo tu empeño, nada más puede exigirse.

Y en tales ocasiones sentirás una sensación de satisfacción por el trabajo realizado.

Esa sensación de satisfacción es lo más importante. O por lo menos así lo creo yo.

Porque si sientes satisfacción por lo realizado serás capaz de aceptar el resultado con serenidad, no importa de lo que se trate. Serás capaz de mantener un estado de alegría sin importar qué viento sople.

Así desplazas tu perspectiva desde el exterior hacia el interior.

Y no tardarán en desaparecer las huellas de la victoria y la derrota.

19

PERSEVERA, SIN PRISA
Y CON CONSTANCIA

Hazlo antes de envidiar el talento de los demás

«Yo no paro de trabajar como un esclavo para terminar este proyecto, y él saca una idea detrás de otra como si nada.»

«Es una lucha constante llegar a mi cuota de ventas. ¿Cómo es que le resulta tan fácil a ella?»

Apuesto a que esto suena familiar a muchas personas. En algún momento todos nos hemos quedado deslumbrados por el talento de alguien.

Pero la envidia no te hace ningún bien. En lugar de sentir envidia, he aquí algo que sin duda deberías hacer.

Aprende a perseverar y a hacer tu trabajo lo mejor que puedas siempre. Cultivar este hábito te permitirá ir más allá de tu talento. Así es como yo lo veo.

La esencia de la práctica budista es seguir haciendo las cosas una y otra vez. Durante los períodos de formación llamados *seichu*, los monjes se someten a una práctica rigurosa, un día sí y otro también. El *seichu* dura cien días. Los monjes repiten las mismas actividades cada día —sentarse al modo *zazen*, cantar sutras, realizar tareas domésticas— y todas ellas se vuelven hábitos. Podemos decir que el cuerpo aprende y recuerda.

Aun cuando un monje posea una comprensión intuitiva de las escrituras budistas, si no hace el esfuerzo necesario no se forma adecuadamente: no está en el camino de la iluminación.

Ichiro Suzuki, la estrella del béisbol norteamericano con los récords más importantes, dijo lo siguiente:

«No creo que ningún "portento" pueda triunfar sin esfuerzo. Creo que un portento triunfa gracias a su esfuerzo. Quien piense que mi habilidad para golpear una pelota de béisbol no requiere esfuerzo está muy equivocado».

Incluso Ichiro, atleta profesional que derrocha talento, sostiene que no puedes ser un portento sin esfuerzo.

Podrías tener tanto talento como Ichiro —incluso más—, pero si no pones empeño tu talento jamás explotará. El esfuerzo importa más que la capacidad.

Existe una historia similar en el budismo, una anécdota sobre el maestro zen Kyogen Chikan, correspondiente al período de la dinastía Tang. Erudito y alabado como sabio ya antes de ingresar en el sacerdocio, sentía una profunda inquietud debido a su incapacidad para responder a un *koan* planteado por su maestro.

Llevado por la desesperación, y reconociendo su propia obsesión con el conocimiento, quemó todos sus libros sobre el zen. Luego se dedicó a cuidar la sepultura del maestro zen Nanyo Echu, que había vivido hasta los cien años.

Todo lo que hacía, día tras día, era limpiar la tumba del maestro. Pero un día, mientras barría, su escoba golpeó un pedazo de teja que salió volando y chocó contra un árbol de bambú, lo que produjo un tintineo.

Al oír aquel tintineo, Kyogen Zenji alcanzó la iluminación.

Ahí está la importancia del esfuerzo continuo, de hacer el mismo trabajo con lentitud y constancia.

El talento puede ser innato. Pero de nada sirve desear los dones de otra persona o que alguien comparta su habilidad contigo. En cambio, sí depende de cada cual decidir la cantidad de esfuerzo que estemos dispuestos a hacer.

No prestes atención al tipo que acumula ventas. Por el contrario, cuando empieces a trabajar por la mañana, hazlo cada día sin apresuramiento y con constancia, enviándole un breve correo electrónico a un cliente simplemente para contactar o para compartir algunos pensamientos o una información.

Haz esto durante cien días y tal vez seas tú quien oye el tintineo y sobrepasa su cuota de ventas con facilidad.

20

SIENTE LA GRATITUD

*Lo que puedes conseguir por ti mismo
no es mucho*

Okagesama es una expresión cuyo legado compartimos los japoneses. Literalmente, *okagesamade* se traduce como «la sombra de los dioses», pero en general se utiliza para expresar gratitud.

Tradicionalmente, los japoneses hemos valorado la consideración y el agradecimiento. Para la agricultura, que es la columna vertebral del país, el trabajo cooperativo es fundamental. A lo largo de la historia de Japón, los campos y los arrozales se mantuvieron con el esfuerzo colectivo y el riego; y si andabas escaso de personal, los vecinos te echaban una mano. Así es como siempre se han hecho las cosas.

La gratitud y la consideración eran nociones que sustentaban todo ello. Sin embargo, esa sensibilidad se ha ido perdiendo, y ahora parece como si la sociedad se estuviera volviendo menos considerada con los demás y más egoísta.

Esto puede ser más notorio en el mundo de los negocios. Lo habitual era que las personas desempeñaran su cometido con espíritu de trabajo en equipo, con cada cual haciendo del mejor modo posible lo que le correspondiera con arreglo a su posición, pero este enfoque parece haber sido completamente engullido por la extendida influencia de un sistema orientado a la obtención de resultados.

«Mejorar mis resultados es mi prioridad principal.»

«Si al menos pudiera aumentar mis números.»

Esta manera de pensar acelera la tendencia hacia el individualismo y el interés egoísta. La consecuencia es una cultura del trabajo en la cual es admisible zancadillear a los demás o apuñalar a los rivales por la espalda si sirve al éxito personal.

Sin embargo, como afirmé antes, un legado compartido por la gente en Japón es el *okagesama*, o gratitud.

En el tsunami que golpeó Japón el 11 de marzo de 2011, ciudades y aldeas quedaron devastadas, se perdieron más de diez mil seres queridos y los medios de vida quedaron destruidos. Y aun así muchas personas no dejaron de dar las gracias a quienes acudieron en su ayuda.

Todavía hay bondad en este mundo.

El concepto del mutualismo —actuar tanto en beneficio propio como de los demás a fin de coexistir— se ajusta al pensamiento zen.

Originalmente, *okagesama* se refería a los propios antepasados. Reconocía que debemos nuestra existencia a aquellos que ya no están con nosotros, y que nos hallamos bajo su protección. Cuando pronunciamos «*okagesama*», estamos expresando nuestra gratitud por este amparo.

Tal vez te parezca que tu existencia es independiente, pero todos tenemos padres. Y cada uno de nuestros padres tiene otros dos.

Si retrocedemos diez generaciones, cuentas con 1024 antepasados; veinte generaciones, y ya pasan del millón.

Prescinde de uno solo de tus antepasados y ya no estarías aquí ahora. Si estás vivo hoy es porque ellos se las arreglaron para sobrevivir. Cuando lo ves de este modo, no puedes dejar de sentir que si estás aquí no es mérito tuyo sino de tus antepasados.

Otro tanto sucede con el trabajo. Por muy capaz que te creas, existe un límite natural para lo que puedes lograr sin ayuda.

Centrarnos exclusivamente en nuestro propio éxito supone que jamás podamos aumentarlo. Al final te encontrarás con un empleo que no puedes manejar sin ayuda y te darás cuenta del disparate que supone ese interés exclusivo en ti. Cuando eso ocurre, es como estrellarse contra un muro.

Aprende a estar agradecido de que cualquier trabajo que hagas cuenta con la contribución de otras personas. Ni siquiera un acuerdo que hayas cerrado tú será fruto únicamente de tu labor. ¿Acaso no hubo personas que te ayudaron a preparar los materiales necesarios para las negociaciones? ¿Tal vez alguien que se maneja muy bien con ordenadores te ayudó con la presentación? ¿O alguien atendió las llamadas telefónicas y recogió los mensajes del cliente con el que estabas en negociaciones? ¿Y qué hay de la persona que servía el té cuando el cliente visitó la oficina?

Gracias a todas esas personas se pudo cerrar el acuerdo. Cuando eres capaz de expresar gratitud hacia los demás, quienes te rodean estarán contentos de secundar tus esfuerzos. Y quien cuenta con ese tipo de apoyo podrá alcanzar metas aún mayores.

21

UTILIZA LAS PALABRAS APROPIADAS

Las palabras poseen un poder enorme

Las malas noticias vuelan, dice el refrán, pero los chismes y las murmuraciones también circulan deprisa.

Siempre habrá que pagar un precio por los chismes y las murmuraciones.

En la medida en que hables a espaldas de los demás o hables pestes de otras personas, en algún momento otro tanto te ocurrirá a ti.

No solo eso, es probable que el jefe del que te has quejado escuche por ahí lo que has dicho de él, dificultando vuestra relación y haciendo peligrar tu posición.

En el zen hablamos de «palabras benevolentes». Predicamos que debemos tratar a los demás con delicadeza y hablarles con afecto.

«Las palabras benevolentes surgen de una mente amorosa y la semilla de una mente amorosa es la compasión. Debemos aprender que las palabras benevolentes tienen el poder de cambiar el mundo.»

Esta es una cita de la obra maestra de Dogen Zenji, *Shobogenzo*. Espero que reflexionarás seriamente sobre ella: que al hablar a los demás con compasión, la benevolencia de nuestras palabras tiene la capacidad de mover cielo y tierra.

Por supuesto que no tiene nada malo hacer bromas amistosas; pueden servir de hecho para aligerar la tensión o alegrar el ánimo.

Y claro que nadie tiene un cien por cien de cualidades bondadosas todo el tiempo; en cada uno de nosotros está presente la semilla del rencor. Y tampoco nadie es malvado al cien por cien.

Cambia tu perspectiva y busca los aspectos positivos de los demás —sus puntos a favor— y alábalos. La mayoría de las personas, al ser elogiadas, no querrán ofender y harán un cumplido a cambio.

Pero es importante no tomar el camino fácil pensando que puedes halagar a cualquiera. Esta es la regla número uno.

Elogiar es estéril a menos que realmente lo hagas de verdad. Realmente debes darte cuenta de qué es lo que encuentras admirable en alguien. Sin embargo, la mayor parte del tiempo no somos muy buenos haciendo cumplidos. Como dijo Goethe: «¿Por qué no tiene fin tanta difamación? Acaso se piensa que reconocer el menor mérito en los demás disminuye nuestra propia dignidad».

Sentir que elogiar a alguien va en tu contra debería avergonzarnos, pero no cabe duda de que muchas personas lo sienten así.

Una relación en la que hay un intercambio de cumplidos sinceros, en la cual dos personas reconocen sus puntos fuertes respectivos, puede ser espiritualmente enriquecedora.

Dejemos de lado extrañas neurosis y formas propias de la soberbia.

Como dijo el historiador chino Sima Qian: «Un hombre sabio no daña la reputación de otro, ni siquiera al final de una amistad».

Cuán admirable. También esa es mi aspiración.

22

DEJA QUE LOS JÓVENES ASUMAN RESPONSABILIDADES

Seguro que llega tu momento

La mayoría de las personas que desarrollan su actividad en una empresa dirían que es importante estar en primera línea.

Por supuesto, dependiendo de la ocupación, el lugar varía, al igual que lo hace la naturaleza del trabajo, pero en todo caso la idea esencial es la misma: asegurarse de que su presencia es bien necesaria.

Como sabemos por la velocidad de la innovación tecnológica, las herramientas de las empresas seguirán evolucionando y no dejarán de surgir otras nuevas.

Dependiendo del tipo de trabajo que hagas, ser diestro con la tecnología suele ser un requisito para mantenerse en una posición prominente.

Esto puede resultar difícil para quienes no son nativos digitales.

De hecho, cuando los ordenadores personales comenzaron a introducirse, aprender a manejarse con ellos se convirtió en una causa de estrés hasta el punto de que algunos empleados de mediana edad y mayores desarrollaron trastornos nerviosos autónomos. A esa condición se le puso incluso un nombre: la llamada tecnoansiedad.

Pero alardear de tu competencia no es la forma de hacer necesaria tu presencia. Si tienes a tu cargo personas que sobresalen en el manejo de ciertas habilidades, es útil delegar en ellas tareas adecuadas; y para aquellas tareas que requieran habilidades que tú no posees, puedes incorporar al equipo a quienes sí las tengan.

Al dejar que las personas asuman responsabilidades, puedes formar a los demás y construir equipos con propósito. Esta me parece una manera de desempeñar tu trabajo y también de hacerte valer claramente en el mundo empresarial.

Al atreverte a retirarte de la primera línea, podrás sacar partido de tu experiencia y dar consejos al tiempo que supervisas el progreso del equipo y corriges el rumbo cuando sea necesario; siendo todo ello una excelente oportunidad de poner en valor tu presencia.

En el zen tenemos la palabra *kankosui*, que significa «punzón viejo». Se refiere a un punzón cuya punta se ha desgastado y se ha dejado de utilizar. Un punzón nuevo con una punta afilada puede hacer un agujero de forma sencilla y rápida. Pero también puede causar heridas.

Un viejo punzón con una punta desgastada no resulta muy práctico si solo estás pensando en hacer agujeros. Sin embargo, ciertamente no puede causar daño a nadie, y conserva su encanto particular.

A medida que las personas envejecen, tampoco ellas están tan afiladas como antes. Puede que no sean tan rápidas para aprender nuevas habilidades. Pero cuentan con una experiencia profunda y variada que abarca muchos años.

¿Resulta sencillo para las personas con menos experiencia abordar negociaciones difíciles? ¿Son capaces de maniobrar en situaciones delicadas? En esos escenarios los no iniciados corren el riesgo de sufrir un traspiés.

Ese es el momento en el que el viejo punzón es útil.

Tras aguardar tu momento, podrías decir: «Déjame decirte que, según mi experiencia...».

El viejo punzón puede demostrar las habilidades refinadas que llegan con la madurez.

23

ACEPTA TUS CIRCUNSTANCIAS, SEAN CUALES SEAN

Sin que importe si son favorables o adversas

«¿Cómo? ¿Un traslado a la oficina comercial de otra región?»

«¿Por qué estas cosas solo me pasan siempre a mí?»

Ante una situación inesperada, es probable que cualquiera reaccione así.

Aunque no se trate de un cambio importante como un traslado geográfico, puede suceder que alguien que quiera estar en ventas quede atrapado en el departamento de asuntos generales, o que a pesar de su deseo de asumir retos en el área de la planificación estratégica acabe en contabilidad; ejemplos como estos abonan el resentimiento y la frustración.

Las circunstancias de nuestras vidas están en continuo cambio. Y en períodos de dificultad económica, es probable que nuestras circunstancias laborales experimenten cambios de gran calado. Pero es algo que cabe esperar.

A muchos nos suena la frase «All things must pass», [1] que de hecho proviene del budismo.

Significa que todas y cada una de las cosas de este mundo se encuentran en continuo cambio, que nada permanece igual ni tan solo un instante. Nos hallamos en un estado de transición perpetua.

Dicho esto, el hecho es que aceptamos sin reparos los cambios buenos y nos cuesta aceptar los malos.

Pero por muy desalentados que nos sintamos o por muy preocupados que estemos, las circunstancias no cambiarán. Por el contrario, ello tan solo sirve para aumentar nuestros sentimientos negativos, creando una espiral descendente de resentimiento y frustración y abocándonos hacia un callejón sin salida psicológico.

Esa no es forma de pensar.

Eres capaz de aprovechar cualquier circunstancia que surja; la experiencia que obtienes de ella puede convertirse en un trampolín hacia el futuro, hacia el progreso; puede convertirse en fuente de tu sustento…

Konosuke Matsushita, el fundador de Panasonic, dijo: «Tanto si tus circunstancias son favorables como si son adversas, lo importante es atravesarlas con generosidad».

Una máxima verdaderamente sabia.

Cuando vives con generosidad, no existen las circunstancias buenas y malas.

Todo lo que hay que hacer es aceptar el lugar donde te encuentras.

---

1. «Todas las cosas deben pasar». Título de una canción grabada por los Beatles y de un álbum de George Harrison. (N. de T.)

Si te destinan a una oficina comercial de otra región, piensa en ello como en una oportunidad para construir una red de relaciones. Puedes centrarte de veras en establecer contactos y dispensar una atención escrupulosa a cada cliente. Esto mejorará enseguida tu perspectiva.

Sea la industria que sea, establecer relaciones basadas en la confianza con un amplio espectro de personas es una herramienta poderosa y una ventaja muy valiosa.

De igual modo, trabajar duramente en contabilidad y acumular conocimientos sobre ese ámbito, ¿no te servirá en el futuro? Los planes de negocio respaldados por un sólido conocimiento contable y de todo lo relativo a los costes es más probable que resulten viables a largo plazo.

En el zen decimos: «Cada día es un buen día».

Eso no quiere decir que la vida sea una sucesión de días buenos. Habrá días soleados y días lluviosos. En ocasiones podrás inundarte de la agradable luz solar y otras veces tendrás que soportar el viento gélido.

Pero pase lo que pase, ganarás la inestimable experiencia de haber vivido ese día, que se convierte en algo precioso para tu existencia. La interpretación zen de esto es que todos los días importan, y en consecuencia siempre podemos hallar algo bueno en ellos.

Tus circunstancias no deberían influir en la forma de vivir tu vida.

La forma de vivir tu vida influirá en el modo en que percibes tus circunstancias.

24

HAZ HOY LO QUE DEBAS
HACER HOY

El secreto para sentirse libre en la vida

«Estoy ocupado.»

«No hay tiempo suficiente.»

«Siempre es una carrera contrarreloj.»

Muchos de quienes se dedican a los negocios lo sienten así.

En muchas sociedades, el trabajo excesivo es algo común, y a menudo parece que en el día no hay tiempo suficiente.

Inevitablemente, el trabajo queda inacabado, y no puedes evitar tener al respecto una actitud desafiante o pasota.

«No hace falta terminar nada hoy, así que ya haré lo que queda mañana o quién sabe cuándo...»

Sin embargo, esto solo hace que te sientas más presionado por el tiempo. Si dejas para mañana las cosas que deberías hacer hoy, el día siguiente comenzará con una presión mucho mayor. Cuando esto ocurre una y otra vez, terminas llegando tarde o quedándote sin tiempo. Al final te quedas sin espacio mental, y así te vuelves impaciente e irritable.

Tal vez hayas oído el proverbio inglés: «El tiempo y la marea no esperan a nadie».

El tiempo no se adapta a los planes de la gente; y la marea simplemente irrumpe dejándonos tras ella.

Se trata de algo similar a la noción de impermanencia del budismo.

Nada en este mundo permanece igual ni siquiera un instante; todas las cosas cambian incesantemente. El tiempo ya ha seguido su curso y nunca regresará.

Esto puede parecer obvio, pero su misma obviedad lo sitúa más allá de nuestra conciencia. Creo que es importante tenerlo muy presente en nuestro pensamiento.

Acaba hoy lo que se deba acabar hoy. No hay truco más eficaz para evitar la carrera contrarreloj o sentirse presionado por el tiempo.

Hakuin Ekaku es conocido como el restaurador de la escuela rinzai de budismo zen, y el maestro de Hakuin Zenji era Dokyo Etan, conocido también como el viejo ermitaño de Shoju. Bajo la guía estricta de este, Hakuin Zenji pudo alcanzar la iluminación. A Dokyo Etan pertenecen estas palabras: «Los asuntos serios solo importan hoy».

Lo que significa que incluso las cosas de mayor importancia están presentes únicamente hoy; es decir, viven en cada momento con una mente pura.

Vivir en cada momento con una mente pura: con el significado, según lo veo yo, de que hay que hacer únicamente las cosas que hay que hacer.

Dokyo Etan enseñó también que, por muy penosas que sean las cosas que tengamos que hacer hoy, no hay otro momento para hacerlas que ahora: así es como te impones a ellas. Si seguimos esta lógica, cuando dejamos esas cosas para mañana, no hacemos otra cosa que hacer que las cosas difíciles lo sean todavía más.

Retrasar cualquier tarea no significa que puedas librarte de hacer el trabajo. Aún vas a tener que hacerlo. Y tu tiempo solo se hará más limitado.

No juzgues lo que debas hacer atendiendo a lo exigente o lo sencillo que sea; completa las tareas siguiendo un orden metódico. Así lo hago yo.

Soy el sumo sacerdote de un templo budista, de modo que nunca sé cuándo tendré que acudir a un funeral. Los funerales son, por supuesto, la ocupación de mayor importancia. Ningún otro trabajo puede hacerse durante ese tiempo. Aunque pueda generar un serio trastorno dejar las cosas a medio acabar, porque es difícil volver a ellas cuando la actividad se ha interrumpido.

Por eso, cuando estoy trabajando en un proyecto de larga duración, me digo a mí mismo: «Hoy voy a poner mis esfuerzos en esto», y me aseguro de completar la meta que me haya marcado.

Además de mi labor como sumo sacerdote, también soy diseñador de jardines zen, escribo libros, enseño en universidades... De modo que en mi lista de actividades hay toda clase de cosas. La gente suele decirme: «Veinticuatro horas no dan para todo». Pero yo no lo veo así; nunca me siento presionado por el tiempo.

Haz hoy lo que debas hacer hoy.

Y ahora, ¿por qué no completas en este preciso momento las tareas que te aguardan?

25

NO HUYAS SIN MÁS

El fracaso no significa que tu vida haya terminado

Nadie quiere fracasar. Pero el miedo al fracaso en el trabajo puede volverte reacio al riesgo. Frenas tu voluntad para asumir nuevos retos y, al priorizar la «seguridad», puedes perder tu instinto y desaprovechar oportunidades de crecimiento.

Mira antes de cruzar, dice el dicho. Pero si miras y luego no cruzas, o si no te atreves a hacerlo, te estarás frenando. El fracaso es inevitable. Y si tratas de esconderlo, te vuelves reservado, que es aún peor que fracasar: el intento de ocultar un fracaso menor puede convertirlo en uno mayor.

Sean cuales sean las circunstancias, la mejor respuesta es pedir perdón; de forma inmediata y sin reservas. Incluso si te las ingenias para tapar tu fracaso, eso no lo hace distinto. Así que, cuando intentes empezar de nuevo, no te quedará otra opción que la de adoptar medidas correctoras.

Creo que es necesario admitir sin reservas nuestro fracaso a fin de que todos los implicados tengan la impresión de tener una idea clara. De ese modo, incluso si se ha mantenido oculto, nadie tendrá que sentirse parte del mismo si se acaba sabiendo.

El fracaso no significa que tu vida haya terminado. No hay necesidad alguna de mostrarse desafiante: ¿y si simplemente te propones no permitir que algo similar vuelva a ocurrir?

En el zen decimos: «Todo procede de la nada». Significa que cada uno de nosotros nace sin nada y, puesto que ese es nuestro estado original, es inútil apegarse a las cosas.

No querer perder tu empleo es un apego. Si lo pierdes, necesitarás encontrar un nuevo modo de ganarte la vida, pero no hay necesidad de preocuparse por ello a menos que suceda. Por supuesto que no es poca cosa perjudicar la reputación de una empresa o costarle mucho dinero, pero es improbable que uno o dos errores te cuesten el despido.

Y si ocurre, ello solo te devuelve adonde empezaste, tu estado original en la nada. Y cada cual tiene el poder de empezar de nuevo.

Si dejas de lado tu apego a la empresa o al puesto que ocupas en la actualidad, verás que no hay razón para temerle al fracaso. Y podrás ser más proactivo en el trabajo; incluso tal vez seas mejor expresándote y haciendo uso de tus habilidades.

Kazuo Inamori, que asumió el cargo de CEO de Japan Airlines y la dirigió en un proceso de reestructuración tras caer en la bancarrota, es además un sacerdote zen. En cierta ocasión dijo: «El fracaso no existe. No puedes fracasar si es a ti mismo a quien desafías. Solo fracasas en el momento en que te rindes».

Es importante recordar nuestro estado original, que «todo procede de la nada». Espero que sigas desafiándote sin temor al fracaso.

26

SÉ MÁS TOLERANTE

*Sé lo que eres y deja que los demás sean
lo que son*

Hay un proverbio que dice: «Hay tantas mentes como cabezas». En un grupo de diez personas habrá diez maneras de ser y diez opiniones diferentes.

Esto vale para la oficina, donde todas las personas con las que trabajamos —tanto por encima como por debajo nuestro en el escalafón— tienen una personalidad y unas opiniones distintas. Por no hablar de diferentes actitudes ante la vida.

Es natural sentir a veces frustración ante personas cuya filosofía de vida difiere de la nuestra.

Pensemos, por ejemplo, en personas cuyo jefe está muy orientado a la familia. Podrían censurarle que abandone la oficina al acabar la jornada porque antepone a su familia mientras los demás empleados siguen con sus trabajos. Tal vez no consideren este comportamiento como «directivo».

Otro jefe podría criticar a sus subordinados por llevar una vida social que a él le parece frívola, aconsejándoles que ahorren para el futuro.

O un jefe especialmente escrupuloso chasqueará la lengua y observará con sarcasmo a sus empleados no precisamente meticulosos.

No obstante, lo diré otra vez: hay tantas mentes como cabezas. De toda clase. Más allá de cuál sea la filosofía de vida de cada cual, lo cierto es que criticar el modo de pensar de los demás carece de sentido. Por supuesto que si influye negativamente en el trabajo, será necesario llamarles la atención, pero de no ser así el principio básico es admitir que haya perspectivas distintas.

Creo que la incapacidad para entender esto provoca conflictos en el trabajo.

Hazte esta pregunta: ¿el origen de tu frustración con tus jefes o tus subordinados tiene algo que ver con el hecho de que les impongas tus valores?

Acepta el modo de ver las cosas de los demás. Hacerlo elimina la insatisfacción y te permite vivir con más tranquilidad y alegría.

Es más, te permitirá reconocer los puntos fuertes y los débiles respectivos.

Pongamos por caso que trabajas en la división de planificación de tu empresa, y se te pide que prepares propuestas estratégicas y se las presentes a tus colegas. Podría darse la situación siguiente:

«He trabajado duro para poder plantear esta propuesta, y ese tipo se limita a entrometerse, hace su presentación basándose en mi trabajo y se lleva todo el crédito: es un empleo ingrato».

Piénsalo, sin embargo: tu punto fuerte es esbozar propuestas, de modo que deberías poner tu energía en ello y dejar las presentaciones a tu colega con labia. Te enojas cuando te parece que otra persona está llevándose el mérito de tu trabajo. ¿Y si dijeras esto?: «La propuesta déjamela a mí. Haré un trabajo de lujo, y tú puedes rematar el acuerdo con una gran presentación».

Esta división de funciones saca partido de los puntos fuertes de cada cual, al tiempo que delega las respectivas debilidades, permitiendo así a cada cual disfrutar más con su trabajo.

En el departamento de ventas de tu empresa, también hay personas que destacan en los cálculos detallados necesarios en las transacciones, mientras que otras son muy eficaces en el trato con los clientes.

Reconocer las fortalezas y las debilidades respectivas propicia una división armoniosa del trabajo, y así todos pueden ser más eficientes y productivos. Lo cual en definitiva te beneficia.

Me gustaría añadir algo más: sigo como regla estricta mantener una actitud tolerante hacia todas las personas con quienes esté trabajando a fin de hacer posible que las cosas marchen con fluidez.

El erudito confuciano y antiguo botánico japonés Kaibara Ekken, que vivió en el período Edo, dijo lo siguiente:

«Los sabios, por ser sabios, deberían ser rectos consigo mismos y no con los demás. Las personas corrientes, por ser corrientes, deberían ser indulgentes con las demás y no consigo mismas».

Si te atienes a esta máxima escrupulosamente, tus relaciones con quienes estén por encima y por debajo de ti en el trabajo dejarán de ser un motivo de preocupación.

27

DÉJATE LLEVAR
POR LA CORRIENTE

La soledad está bien, pero no el aislamiento

«Un hombre tiene muchos rivales» es un proverbio que en Japón tal vez resulte más familiar a las personas de cierta edad. Puede sonar impreciso decir que el mundo es un lugar tan duro, pero parece claro que hay gente que va por ahí haciendo enemigos.

Como el tipo que en el trabajo va nada más que a lo suyo con agresividad. Lo cual requiere cierta habilidad por su parte, qué duda cabe, pero ignora también los roces que provoca, y no puedo evitar pensar que la discordia que produce se presentará algún día como un obstáculo en su camino.

Imagina que estás trabajando en un proyecto mayor que los que has acometido hasta el momento, y te cuesta lograr armar un equipo porque ves rivales por todas partes. Corres el riesgo de oír a tus colegas diciendo: «No vas a quedarte satisfecho a menos que se haga como tú quieres, así que ¿por qué no lo haces tú mismo? No queremos ni oír hablar de cooperar en lo que haga falta».

Sin embargo, la empresa probablemente esté organizada como un conjunto de equipos, y tal vez estés rodeado de empleados jóvenes bien dispuestos que, al menos en apariencia, prometen cooperar, así que es fácil imaginar que se puede avanzar.

Dicen que los líderes son solitarios por naturaleza, pero no deben aislarse. Cuando lo hacen, se revelan incapaces de desempeñar su papel y, en consecuencia, la impaciencia y la insatisfacción se extienden entre los subordinados.

Cuando te encuentras en posición de liderar y estimular, hay un flujo que escapa a tu control. Síguelo. El agua no se enfrenta a la roca; toma un curso ligeramente diferente y sigue moviéndose. Continúa fluyendo, sin descanso, hacia su meta, hasta desembocar en el océano.

«Seguir la corriente suena bien, pero ¿adónde nos lleva a mí y a mis objetivos?»

¿Es así como ves las cosas?

Seguir la corriente no es lo mismo que dejarse arrastrar por ella. Calcula la dirección de la corriente, ten en cuenta su velocidad y, en lugar de luchar contra ella, síguela del modo en que sientas que has de hacerlo. Así es como me gusta pensar en lo que significa ir con la corriente.

En el zen hablamos de «una mente flexible». Nos enseñan a ser flexibles y tolerantes. Una determinación inquebrantable podría parecer poderosa y admirable vista desde fuera, pero se asocia también con la inestabilidad y la rigidez mental.

Esta propensión conduce a una perspectiva estrecha, a una desaceleración de la acción. ¿Y no es esa la causa del estancamiento? Aún peor, los empleados jóvenes podrían perder interés para frustración de su jefe.

¿Por qué no habituarnos a mantener una mentalidad flexible y ser como el agua que se desplaza con la corriente?

28

NO HABLES POR HABLAR

Elige en cambio un «silencio cordial»

En este capítulo me gustaría hablar sobre el don del silencio.

Me pregunto si has oído decir de alguien que es «tan elocuente como hábil». Se refiere a un dominio tanto de la expresión como de la acción, a alguien que posee tacto y que no comete errores. También podemos describirlo como un conocedor del mundo.

La capacidad de comunicarse bien verbalmente es importante para construir relaciones y para tener éxito en el trabajo.

Ser capaces de atraer a las personas mediante una manera convincente de hablar es un componente del carisma. Y en el trabajo, tu forma de hablar puede determinar el éxito o el fracaso.

Tanto es así que no ser un orador eficaz puede erosionar tu confianza. Las estanterías de las librerías suelen estar bien servidas de títulos para hablar en público.

El zen enseña un enfoque diferente.

«La iluminación no depende de las palabras o la escritura, y el despertar espiritual únicamente se puede alcanzar mediante el discernimiento intuitivo» es una frase zen según lo cual lo más importante no se puede expresar con letras o en una hoja: lo más esencial de la enseñanza budista no se transmite en escrituras ni sermones.

Se podría decir incluso que este es un principio fundamental del zen.

Los jardines zen que yo diseño, especialmente los llamados paisajes secos, se componen principalmente de rocas y arena blanca. Debo decidir dónde disponer las rocas, cuántas utilizar, qué tipo de patrones de ondulación dejar en la grava.

Estás son decisiones importantes, por supuesto, pero en un jardín formado por un paisaje seco es igualmente importante dónde excluir cosas; es decir, el espacio vacío.

El poder expresivo inherente a ese espacio vacío es lo que debe quedar representado en el diseño.

En el arte escénico tradicional japonés del teatro noh, la pausa silenciosa tiene una enorme importancia. El público percibe esa importancia y contiene la respiración durante esos instantes de calma.

Otro ejemplo es el arte de contar historias del *rakugo*, en el que la pausa se intensifica para aumentar el efecto del remate final.

El silencio posee una enorme fuerza expresiva.

A veces puede incluso transmitir más sentimientos o más profundos que las propias palabras.

En situaciones profesionales, al exponer las cualidades del producto de tu empresa, en vez de hablar con soltura y fluidez en un torrente de palabras, considera que puede ser más beneficioso para causar una impresión favorable prestar la mayor atención a cuáles son las necesidades de tu cliente, a lo que pregunta.

Las charlas comerciales tienden a no tener esto en cuenta. Se presentan inevitablemente como una «venta sin contemplaciones».

Todo lo que oye el cliente es la típica retahíla de beneficios y ventajas. Saben que no se les está escuchando.

Y una vez que el cliente se ha percatado de esa forma agresiva de vender, ni el orador más dotado tendrá éxito. En mi opinión, tener labia solo araña la superficie.

Escuchar, por otra parte, tiene indiscutiblemente algo que aportar. ¿Qué transmite? Muy especialmente, sinceridad. Los vendedores de verdad, los que logran resultados, saben que ese es el mejor camino.

Los clientes pueden notar que los están escuchando atentamente, tomando en consideración sus deseos y necesidades. Y cuando eso sucede, suele pasar que surge la confianza. Piensan: «Creo en lo que dice esta persona» y «Si lo dice, será cierto», y querrán comprar lo que les estés vendiendo. Es más, solo querrán comprarte cosas a ti.

Esto no se limita exclusivamente a las ventas. La confianza es de la máxima importancia en cualquier empleo.

Tener labia solo te ayudará hasta cierto punto, mientras que un silencio cordial genera confianza. Así las cosas, no es necesario esforzarse demasiado para ser el orador más pulido, ¿no te parece?

Hay una historia zen que pone en valor el don del silencio.

Vimalakirti era un laico budista, y en un diálogo con un *bodhisattva* respondió con el silencio. Se lo conoce como «el silencio atronador de Vimalakirti».

El silencio puede tener un impacto tan poderoso como el fragor del trueno.

Así que quienes sienten temor al hablar, ¡no tienen por qué preocuparse!

29

ACOMODA TU RESPIRACIÓN

*El modo zen de respirar que alivia la frustración
y la preocupación*

Hay momentos en que estamos llenos de energía para hacer frente a los retos en el trabajo, pero en otras ocasiones nos sentimos agotados y desmotivados.

Nos llenamos de alegría cuando tenemos éxito, y rechinamos los dientes cuando nuestro jefe nos echa una bronca o algo que no podemos controlar sale mal y nos enfurece.

Estos cambios mentales afectan a nuestro comportamiento. Cuando nuestras emociones son demasiado intensas, pueden convertirse en un problema y pueden acabar dando a quienes nos rodean impresiones como estas:

«Ese tipo se sale de sus casillas con mucha facilidad. Mejor no darle motivos».

«Nunca se sabe con ella —puede ser temperamental—, así que mejor no tomarse en serio lo que dice».

«La mente ordinaria es el camino» es una frase zen que hace hincapié en la importancia de cultivar una mente sosegada y tranquila. Nos enseña a disminuir la intensidad de nuestras emociones.

El camino para lograrlo es la respiración.

En el zen hablamos de armonizar nuestra postura, la respiración y la mente. Acomodamos, por este orden, primero nuestro cuerpo, luego las inspiraciones y espiraciones y por último nuestro estado mental.

Esta es la santísima trinidad; cada parte íntimamente conectada con las demás. De tal manera que para regular nuestra respiración primero tenemos que regular nuestro cuerpo. Acomodamos nuestra postura, a continuación acomodamos nuestra respiración y nuestra mente se acomodará.

Cuando sientas que la ira hace subir el calor a tus mejillas, primero, respira profundamente.

Centra la atención en tu *tanden* situado a unos 7 u 8 centímetros por debajo de tu ombligo; y espira completamente, expulsando todo el aire de tu abdomen. Una espiración completa es importante. En la palabra japonesa para «respirar», 呼吸 (*kokyu*), el carácter para «espirar» se sitúa antes del carácter para «inspirar»; la espiración precede a la inspiración. Una vez que has expulsado el aire completamente, la inspiración llega de forma natural, automática.

A fin de facilitar la repetición de este tipo de respiración abdominal —respirar desde tu *tanden*—, debes estirar la columna y enderezar la postura. No puedes respirar desde el vientre si estás inclinado hacia delante o encorvado. Cuando practicas la respiración desde el *tanden*, la ira que se haya deslizado hasta tus hombros disminuirá y cualquier tensión mental que estés sufriendo desaparecerá hasta que de pronto te sientas más relajado.

Ahora te puede parecer más fácil relacionarte con los demás. Tal vez te sientas un poco más comedido, capaz de observar las cosas con mayor desapego. Quizá te percates de lo absurdo que es perder los nervios por menudencias.

Antes mencioné a Itabashi Zenji, y voy a citarlo de nuevo:

«No permitas que la ira llegue a tu cabeza».

Cuando guardamos la ira en nuestro interior, reprimida en el vientre, podemos gestionar nuestras emociones intensas y evitar decir cosas que no deberíamos decir; hasta que, antes o después, esa ira desaparezca por sí sola.

De Itabashi Zenji también se dice que se recitaba a sí mismo a modo de reacción frente a la ira: «Gracias, gracias, gracias». ¿No parece el método perfecto para mantener una mente en calma?

Es una buena idea que cada cual disponga de un mantra o un conjuro; lo que mejor nos vaya, ya sea una palabra o una expresión que nos gusten o algo que nos consuela o nos tranquiliza. Por supuesto, puedes recitar el *zengo*: «La mente ordinaria es el camino».

No solo es útil frente a la ira. Puedes utilizar la respiración y un mantra para las emociones positivas, en ocasiones felices, o también cuando tus sentimientos estén alterados. También es importante modular el modo en que expresas alegría; mostrarse demasiado excitado solo causará rechazo. Pensando en ello, he aquí otro dicho:

«En la victoria, recuerda tu humildad, y en la derrota, recuerda tu espíritu de lucha».

Intentemos cultivar una mente tranquila y en calma.

30

CAMBIA EL «AIRE»
EN TU HOGAR

Haz esto lo primero en cuanto te despiertes
por la mañana

Existen, creo yo, varias condiciones para procurar una sensación de paz y de calma en tu vida. Una de ellas es «una habitación propia». ¿Dispones de un espacio al que puedes considerar tuyo?

Para quienes trabajamos, puede ser nuestro lugar de trabajo —donde nos pasamos por lo menos ocho horas diarias— el que sintamos como nuestro espacio. Pero la idea de una habitación propia tiene otro matiz.

La mayoría de los lugares de trabajo son frenéticos, enervantes, emocionalmente cargados y estresantes; difícilmente el tipo de espacio en el que te sentirías a tus anchas. No sorprende, toda vez que el negocio se basa en competir con personas que se encuentran dentro y fuera de la empresa.

Es más, teniendo en cuenta los recortes de personal, los despidos y el trabajo a distancia, nunca se sabe en qué momento podrías perder ese espacio.

Para quienes pasamos mucho tiempo en casa cuando no estamos trabajando, en realidad el hogar podría no ser tampoco un lugar tranquilo. Pasar un tiempo de calidad con la familia suele ser difícil, y en muchas familias apenas hay conversaciones entre sus miembros, y cada cual se las arregla por su cuenta para las comidas y sus cosas.

Para algunas personas, su espacio es el bar o el restaurante donde se detienen para tomar una copa o comer algo en su camino a casa desde el trabajo.

Puedo entenderlo. No obstante, aun si sacan algún placer de ello, es un poco triste.

En el zen tenemos un dicho: «Vuelve a casa y siéntate a tus anchas».

En pocas palabras, significa que cuando vas a casa y te pones cómodo, el reino de la calma que habitas ayudará a serenar tu mente.

Si pensamos al modo zen, el hogar se refiere a la naturaleza búdica que reside en todos nosotros; donde podemos ser nuestro verdadero yo. Dicho de otra manera, el hogar representa la alegría del descubrimiento de nuestra naturaleza búdica.

Eso es lo que en verdad debería ser el hogar: el lugar más apropiado para ti. ¿Necesitas tal vez hacer ajustes en tu hogar para que sirva a ese fin?

Podrías pensar a ese respecto en una especie de renovación, pero dado que uno de los fundamentos del zen es la práctica, tiene más que ver con cambiar tu relación con el espacio.

Saluda a tu familia con alegría cuando te despiertes por la mañana y expresa gratitud por ellos.

Al principio puede que se muestren desconcertados y se pregunten qué sucede contigo. Pero después de una semana o diez días se tranquilizarán e incluso empezarán a apreciar el nuevo espacio que estás creando.

Existe una anécdota sobre Hyakujo Ekai, que estableció las reglas que rigen en los monasterios zen, las llamadas *Hyakujo Shingi*.

En cierta ocasión, un monje le preguntó a Hyakujo Zenji: «¿Qué es lo más maravilloso?».

Hyakujo Zenji respondió: «Estoy sentado yo solo en esta gran cumbre sublime».

Lo que quería decir es que sentarse al modo *zazen* era aquello por lo que él estaba más agradecido.

La gran cumbre sublime era el lugar donde Hyakujo Zenji oficiaba de sumo sacerdote; por tanto, se trataba de un templo zen. Para los monjes zen, el templo es su hogar. Les proporciona una enorme seguridad y no hay nada por lo cual sientan un mayor agradecimiento. Podría decirse incluso que es así porque han alcanzado la iluminación.

De modo que el hogar es un lugar de una gran seguridad. Más si cabe a medida que vamos acumulando décadas. Piensa en cuando tu carrera llegue a su fin. Pasarás en casa la mayor parte del día.

Si ese hogar es un lugar tranquilo, si la atmósfera es revitalizante, tu vida adoptará esas cualidades.

De modo que te ruego que empieces a sentar las bases de tu aquí y ahora.

Lo diré otra vez: Lo fundamental en el zen es la práctica.

PARTE CUATRO

CONSEJOS SORPRENDENTES PARA MEJORAR LAS RELACIONES

*Cómo crear buenas conexiones y alejarse
de las malas*

31

VALORA TUS CONEXIONES

*No es accidental que hayas conocido
a esas personas*

¿A cuántas personas crees que vas a conocer a lo largo de tu vida?

Las habrá de todas las formas y tamaños. Y variarán en función del contexto: familiar, educativo, regional, laboral, etc.

No obstante, el número de personas a las que conoceremos es extraordinariamente limitado, en un mundo con una población de más de siete mil millones. Pero, aun así, conocer a quienes conoceremos entre los siete mil millones es casi milagroso.

¿Te parece un milagro haberte encontrado con alguien en especial?

Tal vez pienses que el azar o la casualidad determinan a qué personas vas a conocer. Pero cuando conoces a alguien se establece una conexión. En el budismo nos referimos a esas conexiones como *innen*, y se les atribuye una enorme importancia. Entre la multitud de personas que llegan y parten en el curso de tu vida, aquellas con las que estableces una conexión son especiales. Esto es así debido a los *innen*; cuando el karma de la causa y el de la condición están alineados.

Con la llegada de la primavera, las flores se abren. Pero no todas las flores lo harán al mismo tiempo, ni siquiera en el mismo árbol. Únicamente los brotes que hayan aumentado de tamaño atraparán la cálida brisa primaveral y florecerán.

Aunque el viento primaveral sople de igual manera para todos los brotes, los que todavía estén fuertemente sujetos no atraparán el viento para florecer. Todo cuanto podrán hacer es mantenerse en la rama mientras la brisa sopla sobre ellos.

Para que se produzca el efecto (en este caso, el florecimiento), la causa (es decir, la hinchazón de los brotes) requiere haber tenido las condiciones apropiadas para beneficiarse del viento primaveral y formar así una conexión.

Todo lo existente en el mundo ocurre con arreglo a esta conexión kármica de los *innen*: que constituye un fundamento básico del budismo.

Si vemos así nuestros encuentros con los demás, podemos pensar que no hay casualidades y que nada es fruto del azar, y que esos milagros son un regalo del mismo Buda.

Y si eso es así, no podemos menospreciar nuestros encuentros. Debemos aceptar con gratitud nuestras conexiones con los demás.

En el zen hablamos de la influencia de quienes llegan a nuestras vidas.

Todo surge a partir de esos encuentros. Y por eso debemos apreciar a las personas que conocemos, los lugares donde las encontramos y las formas que adoptan esos encuentros.

En la ceremonia del té, que guarda una profunda relación con el zen, hay el dicho: «*Ichi-go ichi-e*».

Es una expresión bien conocida, incluso fuera de Japón. Una forma de traducirla es «una vez en la vida». Significa que deberías estimar cada encuentro, porque tal vez no vuelvas a ver a esa persona nunca más —puede que esa ocasión sea la única posibilidad que tienes de estar con ella—, así que aprovecha al máximo ese tiempo compartido.

Si adoptas esta actitud, creo que comenzarás a apreciar cada encuentro y a llenarte de gratitud hacia todas las personas que conoces.

«Es maravilloso haber conocido a esa persona.»

«Qué agradecido estoy de haberme encontrado con ella.»

Esto te permitirá establecer vínculos mucho más profundos con las personas que lleguen a tu vida.

32

HAZ BUENAS CONEXIONES

*Cómo crear una espiral ascendente de buenas
personas en tu vida*

¿Creas conexiones beneficiosas?

¿O acaban siendo perjudiciales?

Todos nacemos en posesión de una belleza pura, con un corazón que brilla como un espejo. Como expliqué antes, el budismo nos enseña que «Todos los seres vivientes, sin excepción, poseen la naturaleza de Buda». Un recién nacido no tiene interés propio, ni apego, ni ilusiones.

Pero luego quedamos expuestos a personas y circunstancias diversas y, a medida que acumulamos experiencias, nuestra mente se nubla. Nuestro modo de relacionarnos con los demás posee un efecto enorme sobre nosotros.

Las personas están unidas mediante sus conexiones entre ellas.

Una vez que tienes una conexión buena, esta se vinculará a tu siguiente conexión buena, que a su vez atraerá nuevas conexiones buenas.

Por ejemplo, al relacionarte con alguien, podría ser que por medio de esa persona conozcas a otra maravillosa, y que luego esta te presente a una tercera con la que estableces una buena conexión.

Esto se puede convertir en un ciclo de refuerzo positivo, que redunda en tu beneficio, y esas relaciones personales servir para fortalecer tu red de buenos contactos.

Por el contrario, si entablas una mala relación, puede ocurrir justamente todo lo contrario. Puedes crear un ciclo de malas relaciones; y antes de que te des cuenta tu vida se habrá convertido en un desastre.

Para entablar buenas relaciones, cierta preparación es necesaria.

Pero ¿qué clase de preparación?

Una cosa que puedes hacer es comprometerte todo lo que puedas en lo que hagas. Puedes pensar que esto suena simplista, pero te sorprendería el extraordinario esfuerzo que se necesita para mantener un compromiso.

Por naturaleza, los seres humanos buscamos el camino más fácil. Y una vez que empiezas a holgazanear, te encuentras en una pendiente resbaladiza y puedes acabar decantándote siempre por la ley del mínimo esfuerzo en todo lo que lleves a cabo.

Los demás no tardarán en comenzar a decir: «Menudo personaje… Cada vez que le pides algo es un desastre».

Y cuando te vean como un desastre, nadie va a querer darte acceso a su red personal. No importa cuánto te esfuerces en buscar buenas conexiones, seguirán rehuyéndote, y tampoco serás capaz de evitar entablar malas conexiones.

Y rodeado de malas conexiones, sentirás que tu espíritu se nubla, que pierdes el equilibrio, y te envolverán la ansiedad, la preocupación y el miedo.

Según un *zengo*: «Cada paso es un lugar para aprender».

Es uno de mis preferidos: la idea de que allí donde vayamos hay algo por aprender y de que todo aquello que estemos haciendo puede servirnos de práctica.

El zen enseña que todas las cosas requieren disciplina, y por eso debemos dedicar el mismo tipo de atención a practicar el *zazen*, comer, limpiar e incluso lavarnos la cara.

Si aplicamos esto al trabajo, sería inaceptable que solo lo des todo en grandes proyectos y muestres desinterés en los de menor envergadura. Esto provoca malas relaciones.

Debes intentar hacerlo lo mejor que puedas en el trabajo que tengas entre manos. Al hacerlo así, las buenas conexiones surgen con naturalidad.

Otras personas se fijarán en ti si trabajas de manera concienzuda en un proyecto que podría estar infravalorado o descuidado.

Más pronto que tarde, es posible que tu jefa te pida que te unas a su equipo en un proyecto que está al caer. Esto profundizará tu relación con ella y propiciará un ciclo de buenas conexiones.

33

NO TE PONGAS
EN PRIMER LUGAR

*«Tú (o usted) primero» es uno de los mejores
secretos en las relaciones*

Mi trabajo como diseñador de jardines suele llevarme a otros
países y algo que siempre percibo es que ciertamente cada
país posee su propio carácter nacional.

Por ejemplo, en China parece que casi nadie cede nunca el
paso a otros vehículos en la carretera. Y cuando alguien quiere
meterse en un carril, simplemente avanza y acaba metiéndose
a la fuerza. Las carreteras se asemejan a un campo de batalla.

Da la impresión de que cada cual está tratando de impo-
nerse en todo momento, y en China puede que sea esto lo
que se necesita; se puede afirmar que su carácter nacional se
adapta a las exigencias de la cultura.

Por el contrario, en Japón si antepusieras una y otra vez
tu propia posición, tu trabajo y las relaciones se resentirían.

La firmeza es una cosa, pero una hostilidad arrogante hace difícil lograr apoyos en quienes te rodean.

«Ese tipo nunca está contento a menos que lleve él la voz cantante, así que dejémosle que lo haga él solito.»

Esto puede llevar a que los demás te den la espalda cuando necesites cooperación y colaboración.

Creo que la mejor posición es el segundo lugar, donde puedes permitirte decir: «Tú (o usted) primero». Así la persona que ocupa el primer lugar no es un obstáculo y puedes centrarte en tu propia mejora o, si es un entorno laboral, en adquirir conocimientos o competencias o en familiarizarte con simples aspectos prácticos.

En una segunda posición sólida, también te verás obligado a entrar en acción sin ni siquiera moverte. Es el mejor lugar. A diferencia de quienes se ponen los primeros, en esa posición es menos probable que encuentres resistencia cuando te veas en primera fila.

Por el contrario, verás cómo otros se alegran de echarte una mano. Antes de que te des cuenta, habrás obtenido competencias de liderazgo, aunque todavía ocupes la posición subordinada del «tú (o usted) primero».

En situaciones ajenas al trabajo, la mentalidad del «tú (o usted) primero» llena de luz tu entorno y hace felices a los demás. Si en el tren alguien y tú intentáis ocupar el mismo asiento sin querer cedérselo al otro, la atmósfera se vuelve tensa e incómoda. Pero si dices «adelante», te dan las gracias y una sonrisa de agradecimiento.

O cuando sales a beber o a comer con amigos, en lugar de servirte el primero, con un «después de vosotros» ganarás reputación de amable y generoso.

La mayoría de las personas se alegran si se les ofrece la oportunidad de ser las primeras, y habla bien de ti no estar compitiendo por ocupar una posición. Transmites una sensación de tranquilidad y confianza; ¿qué puede haber con mayor atractivo?

Como se dice en una frase zen: «Un rostro apacible, unas palabras cariñosas».

Ya he hablado de las palabras benevolentes en el capítulo 21; el rostro apacible es diferente. La expresión proviene de la escritura budista conocida como el «Sutra de la vida infinita». Nos enseña a relacionarnos con los demás con una sonrisa tranquila y unos comentarios considerados.

Tanto una sonrisa tranquila como unos comentarios considerados se incluyen en los siete dones del *dana* espiritual. Cuando combinamos «un rostro apacible, unas palabras cariñosas» con lo primero (una sonrisa tranquila) y lo segundo (unos comentarios respetuosos), estamos ofreciendo a la vez dos de los siete *dana* espirituales.

Ceder ante los demás con la expresión «tú (o usted) primero» ejemplifica la práctica sintetizada en «un rostro apacible, unas palabras cariñosas». Así cada día llenamos de luz nuestro entorno, esparcimos la felicidad y aumentamos nuestra sensación de bienestar. Es casi demasiado bueno para creerlo.

La vida es una acumulación de días. Encontrar el mayor bienestar cada día contribuye en gran medida a crear una vida plena.

Te animo a que añadas el «tú (o usted) primero» a tus principios fundamentales.

34

NO ESGRIMAS LA «LÓGICA»

Para todos es importante salvar la cara

Oigo a muchas personas decir que echan a perder inesperadamente sus relaciones.

¿Qué quieren decir con esto?

Consideremos antes la idea del «ganar/ganar»: una situación en la que cada cual obtiene un beneficio. No sé en qué momento comenzó a utilizarse esa expresión, pero parece haber sido popularizada a través de la obra de Stephen R. Covey, el autor mundialmente famoso de *Los 7 hábitos de la gente altamente efectiva*.

Está relacionada con lo que puede ser un concepto bien japonés, la idea de «salvar la cara». Debemos tenerlo presente, tanto en el trabajo como en las relaciones personales.

Si tiendes a insistir en tener razón y en negarte a escuchar a los demás, no pasará mucho tiempo antes de que tus relaciones se deterioren y todo empiece a desmoronarse.

«No lo entiendes; estás en un error. ¡Es así como es!»

Creyendo, de esta manera, que la lógica está indiscutible-mente de tu parte o imponiendo tu opinión a los demás nunca vas a hacer amigos.

Cuando justificas un argumento diciendo que es el punto de vista «lógico», estás automáticamente situándote en un plano superior al de la persona con quien estés hablando. Lo cual no favorece una relación de confianza y comprensión.

Sin embargo, sorprende que muchas personas obran así.

Si estás leyendo esto y estás pensando: «Ahora que lo dices, quizá siempre insisto en tener razón o en hacer las cosas a mi manera», deberías reflexionar sobre ello. Puede que estés perjudicando tus relaciones sin que te des cuenta, con un comportamiento que tal vez puedas acabar lamentando profundamente.

En cualquier lugar puedes encontrar personas que tienen convicción en lo que están diciendo y creen estar en lo cierto. Pero por más que las opiniones o las ideas de otra persona difieran de las tuyas, cerrarse en banda revela inmadurez.

Los demás solo pueden notar nuestra generosidad de espíritu si aceptamos que las opiniones o las formas de pensar ajenas son legítimas, incluso si no estamos de acuerdo con ellas. Y de ese modo fortalecemos nuestra posición. Cada cual puede salvar la cara y se evitan roces innecesarios.

No hay idea ni opinión infalible. Existen muchas formas de ver las cosas.

No me faltan ejemplos en los que el hecho de aceptar las ideas y opiniones de los demás puso de manifiesto los defectos de mi manera de pensar y me ayudó a reconocer mis propios errores.

Permitir salvar la cara a otra persona no significa que tengas que renunciar a tu posición o modificarla.

Por el contrario, dejar que cada cual salve la cara es una muestra de sabiduría porque permite desarrollar o profundizar nuestro propio pensamiento, además de facilitar las relaciones, producir resultados en el trabajo y favorecer el desarrollo personal.

Al permitir que otra persona salve la cara, propicias la oportunidad para que ella también considere tu opinión de buena fe, lo que genera una buena disposición para abordar los verdaderos sentimientos. Cada parte tiene algo que aprender de la otra, propiciándose un entorno positivo y un fortalecimiento de la relación.

Lo único que se consigue al discutir con alguien hasta forzarlo a guardar silencio es una sensación de triunfo vacía.

¿Preferirías eso a una relación basada en una discusión amistosa en la que cada cual salva la cara? Creo que ya conoces la respuesta.

35

DEDICA DIEZ MINUTOS
DIARIOS A LA NATURALEZA

*Encuentra un momento para que el espíritu se
libere*

«Hay tanto que hacer… El día pasa antes de que me dé cuenta.»

La gente vive su vida con prisas, y en todo hay mucha tensión. Nuestro cerebro está en alerta prácticamente en cada momento de vigilia. Me parece que nuestra intuición y nuestra sensibilidad reciben un estímulo bastante menor.

La intuición y la sensibilidad, y no tanto el conocimiento y la educación, son los lazos vitales que unen a las personas entre sí. Tal vez sea porque nuestra vida se desarrolla a un ritmo muy rápido, la intuición y la sensibilidad de las personas se han embotado, lo que ha conducido a unas relaciones difíciles o débiles.

Creo que es necesario permitir a la parte pensante de nuestro cerebro que descanse cuando ponemos a trabajar la intuición y la sensibilidad. No soy neurocientífico, pero al parecer una vez que dejamos de pensar, el neurotransmisor de la serotonina se libera en el cerebro. Esto nos relaja y profundiza nuestra intuición y nuestra sensibilidad.

Eso es exactamente lo que sientes al sentarte al modo *zazen*. Pero soy consciente de que puede ser difícil practicarlo una vez al día.

Así que me gustaría recomendarte que dediques tiempo a experimentar la naturaleza.

«Todo eso está muy bien, pero vivo en la ciudad, donde no es tan fácil disfrutar de la naturaleza.»

Está bien. Las ciudades no son lugares donde puedas salir por la puerta y hallarte inmediatamente en la naturaleza. Pero aún puedes arreglártelas para experimentar la naturaleza a pequeña escala.

Por la mañana, abre una ventana o, si tu vivienda tiene un balcón, ¿por qué no salir a él y escuchar el rumor del viento o el canto de los pájaros? Podrías ir a un parque cercano para ver qué árboles y flores están en flor. O asómate por la noche a la ventana para observar el cambio de estación y las fases de la luna.

No es necesario mucho rato. Durante el tiempo que tengas, deja tu mente en blanco mientras sientes la naturaleza. Usa ese tiempo para dejar que la intuición se profundice y para recuperar la sensibilidad.

Hay un *zengo* que dice: «Cuando mires una flor, disfruta de la flor, y cuando mires la luna, disfruta de la luna».

El significado es que cada encuentro con la naturaleza se debería experimentar plenamente.

En otras palabras, no te preocupes por las cosas innecesarias; limítate a dejar que tu mente fluya y entrega tu cuerpo y tu alma a la naturaleza.

Si te parece que por las mañanas estás demasiado ajetreado, o no hay un parque cercano, o por la noche no tienes tiempo para ponerte a mirar la luna... ¿qué te parece si haces una pausa de diez o de quince minutos en el trabajo para subir a la azotea y ver la puesta de sol u observar la vegetación del parque de abajo?

«El sol ha estado poniéndose un poco más temprano cada día.»

«Ah, las hojas del *ginkgo* están empezando a cambiar de color.»

Pensamientos como estos surgirán de repente al estar en sintonía con la naturaleza. Y en la medida en que empieces a profundizar gradualmente la intuición y la sensibilidad, tu mente se liberará de los enfados y los dolores de cabeza ocasionados por las interacciones diarias.

Dejemos descansar a nuestro cerebro y perfeccionemos la intuición y la sensibilidad.

36

CONSIGUE QUE LOS DEMÁS QUIERAN VOLVER A VERTE

El modo zen de cultivar el carisma

En las relaciones sociales hay un principio importante. La clave está en el carácter chino 恕 (*jo*).

Muchos de nosotros sentimos que nuestras relaciones son tensas o que no se nos da bien relacionarnos con la gente.

Pero la interacción social es una parte importante de gran parte de nuestras vidas.

Por ejemplo, en una situación de trabajo, si te dices a ti mismo: «Ah, es tan agobiante tener que reunirme con ese cliente», no habrá forma de que la relación sea productiva. O si el mero pensamiento de asistir a una reunión de vecinos te deprime porque te resulta difícil conectar con los demás, no podrás disfrutar de la vida en tu comunidad.

Estas son las desventajas de tener aversión a socializar. Y la conciencia de esta aversión puede agravar el estrés psicológico.

«Pero en este asunto no hay gran cosa que pueda hacerse, ¿no?»

¿Eso crees?

En mi opinión, superarlo no es tan difícil.

Lo que importa es el carácter chino que mencioné antes, 恕 (*jo*).

Aparece en las *Analectas* de Confucio, en un diálogo entre Confucio y uno de sus discípulos, Zigong.

El discípulo le preguntó al maestro cuál es la práctica más importante que hay que mantener durante toda la vida. Confucio respondió:

«¿Y qué hay del 恕?»

La definición del 恕 ha sido muy debatida. Según algunos, significa «reciprocidad» o «empatía», o quizá incluso «perdón». Confucio dio una respuesta más a la pregunta de su discípulo:

«No hagas a los demás lo que no quieras que te hagan a ti.»

Un dicho familiar. Ese es el espíritu del 恕.

Es un principio de las relaciones sociales y es la esencia de la reciprocidad. Lo que no quieras que te hagan a ti no se lo hagas tú a los demás. Si sigues únicamente esta sencilla regla, seguro que verás cómo mejoran tus habilidades sociales.

«Me enojo cuando alguien llega tarde.»

«La arrogancia de ese tipo es de lo más detestable.»

«Ella no tarda en levantar la voz, así que en realidad no puedo decirle lo que le quiero decir.»

Supongo que hay una serie de cosas que tienden a disgustarte en los demás. Cuando decidas no hacerlas tú, verás muchos cambios positivos.

Si llegas con puntualidad a las reuniones, los demás te juzgarán responsable; si te esfuerzas en ser educado y amable, los demás sentirán que les importas. Una manera tranquila de hablar favorece una sensación de conexión con los demás.

Fiabilidad, una sensación de importar a los demás, felicidad y satisfacción, conexión..., todo ello tendrá un efecto positivo en tus relaciones con los demás. Y tu aversión social quedará superada pronto.

Si das un paso más, puedes ser proactivo haciendo por los demás aquello que a ti te hace feliz cuando otros lo hacen por ti, cosas que te complacen y te hacen sentir agradecido.

Por ejemplo, quizá en una ocasión pasaste por la oficina de un cliente y recuerdas con afecto lo amable que fue al darte las gracias; o le estás agradecido a alguien que siempre responde enseguida cada vez que le mandas un correo electrónico; o no se te pasa por alto que un compañero trae café para todos... Podrías proponerte extender a otras personas esos gestos de amabilidad con que a ti te han obsequiado.

Haremos bien en prestar atención a las palabras de Confucio:

«No hagas a los demás lo que no quieras que te hagan a ti».

Al llevar esto a la práctica, te darás cuenta de que has empezado a desarrollar el carisma. Y que la gente querrá conocerte.

Dogen Zenji enseñó un concepto similar, al cual se refiere como *doji*.

Dijo que debemos acomodarnos al estado de los demás —cuando están alegres o cuando están tristes, también nosotros debemos sentir lo mismo—, muy en el espíritu del concepto confuciano de la reciprocidad.

¿Aún sientes ahora la misma aversión a socializar?

37

ADMITE LOS ERRORES
DE INMEDIATO

*No solo mediante las palabras, sino tratando
de hacerlo también en el plano emocional*

¿Cómo es la historia con tus amigos?

A lo largo de una larga amistad seguro que surgen malentendidos o cosas que se toman a mal. Y de todo ello pueden surgir no pocas desavenencias.

Me sorprendería si entre los mejores amigos los hay que jamás han discutido. Lo importante es cómo te enfrentas a ello, cómo reconciliarte. Si no se pone cuidado en ello, se podría romper el vínculo que tanto esfuerzo ha costado crear.

Sería una pena dejar que un malentendido o una disculpa torpe arruine una conexión auténtica. No es exagerado afirmar que tu vida sería menos vibrante sin ella.

«No tardes en enmendar tus errores.»

Este es un famoso proverbio de las *Analectas* de Confucio, pero llevarlo a la práctica puede ser difícil. Aun cuando te des cuenta de que algo que hiciste causó un problema, por alguna razón dudas en disculparte. ¿De veras es tan difícil expresar arrepentimiento ante un amigo tan bueno?

A propósito de lo cual, en las *Analectas* se dice también esto:

«Tener faltas y no corregirlas es el verdadero error».

Cometer un error y no disculparse es un error en sí mismo. Mientras te debates sobre si debes disculparte o cómo hacerlo, la situación cada vez se tuerce más y corres el riesgo de no ser capaz de enderezar la relación.

Una disculpa debería ser siempre inmediata y personal. Cuanto más tiempo dejes pasar antes de hacer algo, más difícil se volverá. Pedir perdón no es diferente.

Incluso si de inmediato dices que lo sientes, pero sin ningún intento de reconciliación, el paso del tiempo solo lo hará más difícil. No es difícil imaginar cómo se sentirá la otra persona.

«Dice enseguida que lo siente, pero parece que en realidad no quiere decirlo» se convierte en: «¿Qué pasa con él? Me pregunto si se da cuenta de que me ha hecho daño», luego en: «Quizá es que es así. Nunca lo hubiera pensado», y finalmente en: «¡Menudo idiota! ¡No puedo creer que yo haya sido amigo suyo tanto tiempo!».

Es igual de importante que la disculpa se haga personalmente.

En el zen contamos con la palabra *menju*, cuyo significado es «cara a cara».

Se refiere al encuentro de un maestro y su discípulo para que las enseñanzas vitales del budismo se transmitan no por medio de las escrituras sagradas u otros escritos sino directamente con la presencia de ambos.

Esto es perfectamente aplicable a las disculpas.

Aunque el correo electrónico se ha convertido en nuestra principal forma de comunicación, no es adecuado para transmitirle a alguien cómo te sientes de verdad o qué piensas en realidad.

Piensa en cómo te gustaría que alguien se disculpe contigo. Si recibes un correo electrónico donde se lee: «Siento lo del otro día», ¿sentirías que has recibido una disculpa sincera? ¿O te ofendería que se haya dirigido a ti por correo electrónico?

Esto no se limita a las disculpas; cualquier sentimiento verdadero únicamente se puede expresar con sinceridad en persona. Arrepentimientos, impresiones, consideración hacia los demás, lo importante es transmitirlos directamente y en persona. La verdadera profundidad de tus sentimientos se manifiesta físicamente: en la expresión facial, el tono de voz y la postura.

Y esto solo se puede ver cara a cara.

38

NO DUDES EN PEDIR AYUDA

Alguien habrá para echarte una mano

Un *zengo* dice: «Abre la puerta y encontrarás larga vida y felicidad».

Su significado es que ser abierto y sincero traerá muchas cosas buenas.

Al pasar por un momento difícil, al enfrentarte a dificultades, al haber demasiadas cosas para que puedas ocuparte de ellas por tu cuenta…, debes saber que no es necesario que te hagas cargo de todo sin el concurso de nadie.

Abre tu mente. Cuando necesites apoyo, en lugar de llevar el peso tú solo, es mejor pedir ayuda.

El pudor y la perseverancia son cualidades de las que podemos enorgullecernos, pero hay un momento en que también pueden crear dificultades.

Un ejemplo típico es el cuidado de los demás. En sociedades con poblaciones envejecidas, el número de personas mayores que necesitan cuidados no dejará de crecer, lo que supone una gran carga para las familias.

La gente piensa: «Es mi padre» —o madre o esposo o esposa— «así que soy yo quien ha de cuidarlo»; de modo que no importa lo oneroso, lo duro, lo problemático que sea, siguen haciéndolo sin quejarse. Y lo que pronto tenemos son ciudadanos que ya peinan canas haciendo de cuidadores, ancianos al cuidado de mayores, lo cual lleva a una situación insostenible y que a menudo acaba mal.

Las dificultades en el lugar de trabajo pueden, también, hacerse insoportables. Existe el fenómeno del *karoshi*, o muerte por un exceso de trabajo. Se da también la depresión causada por roces con los compañeros o por el hostigamiento de un supervisor. Las personas pueden sufrir más allá del límite de su resistencia.

Te ruego que no te lo eches todo encima. No titubees a la hora de pedir ayuda. Con solo expresar tus sentimientos, tu mente se tranquilizará y habrá alguien que podrá echarte una mano.

«El sufrimiento, si es aceptado en compañía, soportado en compañía, es alegría.»

Estas son palabras de la Madre Teresa, ganadora del Premio Nobel de la Paz. Si somos abiertos y sinceros desde el principio, y ponemos palabras a nuestro dolor, este llegará a oídos de alguien que podrá ayudarnos a aliviar las dificultades. Compartir nuestras tribulaciones las transformará en felicidad.

No hay necesidad de dudar.

¿De qué quieres hablar con alguien ahora?

39

SÉ UN BUEN OYENTE

Las relaciones son un toma y daca

«Lo único que hace ese tipo es lloriquear y quejarse. Apenas puedo soportarlo cuando está cerca.»

«¡Estoy hasta las narices de oírla compadecerse de sí misma!»

Oímos cosas así casi a diario.

Tanto si se trata de un intercambio ingenioso como de una conversación profunda, la mejor parte de la comunicación con alguien es un ida y vuelta natural: como en un juego de pasarse la pelota. Pero con el correo electrónico y los mensajes de texto como principales medios de comunicación en el trabajo y en la vida, perdemos la posibilidad de vernos las caras y de crear un ritmo propio del momento, y las cosas que queremos decir se nos quedan dentro.

Así que es comprensible que las personas quieran manifestar de cuando en cuando algunas de sus quejas reprimidas; hacerlo puede ayudar a aliviar el estrés.

Quien expone su descontento apreciará sobre todo un buen oyente. Cuando alguien abre su corazón, si la otra persona pone cara de desagrado como diciendo: «¿Más quejas?», o si es obvio que no está escuchando con atención, podría tener el efecto contrario y producir más estrés en vez de aliviarlo. Podría de hecho empujarlo a sentir desprecio por sí mismo.

Lo que tienes que entender como oyente —además de ser lo bastante considerado como para no interrumpir la conversación o impedir que fluya— es que estás ahí para validar lo que la otra persona tiene que decir, para ofrecer tu opinión y para empatizar.

«Si a mí me hubieran dicho eso, probablemente hubiese perdido.»

«Te comprendo. Es natural enfadarse con eso.»

Respuestas como estas indican tu empatía, y cuando dejas claro que estás escuchando, la otra persona no sentirá que su descontento carece de justificación. Lo que supone un gran alivio frente al estrés.

Ni que decir tiene que quien ha sido escuchado por tan excelente oyente no debería titubear en devolverle el favor. La próxima vez que tengas ganas de quejarte, debería ser esa persona quien te escuche con la misma atención.

Este toma y daca es el secreto para que las relaciones funcionen. Permitir que el otro exprese su queja cuando sea necesario ayuda a desarrollar y profundizar la relación.

Dice una frase zen: «La brisa fresca barre la brillante luz de la luna; la brillante luz de la luna hace desaparecer la brisa fresca».

Aunque tanto la brisa fresca como la brillante luz de la luna son hermosas, cada una tiene su turno y juntas realzan la belleza del conjunto.

Si trasladamos esto a las relaciones humanas, se podría decir que un amigo se apoya en otro, que a su vez se apoya en él. El hecho de que cada persona se apoye en la otra cuando más lo necesita alimenta la confianza que lleva a una conexión profunda.

El vínculo entre las personas se fortalece ciertamente cuando cada una siente que ha sido escuchada.

Ya me he referido antes a los siete dones del *dana* espiritual del budismo, que son una práctica de los dones que podemos ofrecer a los demás.

Uno de los *dana* es un «corazón bondadoso».

Un corazón bondadoso es capaz de comprender a los demás. Dedicar tiempo a escuchar los problemas de alguien; ése es sin duda un gesto de empatía. ¿Y si aprovecharas la oportunidad de practicar el ofrecimiento de este don a los demás? La práctica de estos dones constituye una parte importante de la formación zen, porque escuchar aquello que causa aflicción a los demás puede ser una manera de perfeccionar tu propio corazón; lo cual contribuye a profundizar tu generosidad como ser humano.

40

NO BASES LAS DECISIONES EN LOS BENEFICIOS Y LAS PÉRDIDAS

Las relaciones que no se basan en una ganancia personal brillan por sí mismas

En la vida hay varios hitos y encrucijadas.

Es ahí donde podemos perder el rumbo o sentirnos acosados por las preocupaciones y las dudas.

Nos obligan a tomar decisiones. Y necesitamos un conjunto de criterios a fin de decidir qué hacer. Naturalmente, estos tienen que ver con nuestros valores.

Por ejemplo, cuando buscas un empleo, valorarás la naturaleza del trabajo, el salario, los beneficios, el tiempo de las vacaciones, la exigencia del trabajo, el estatus que confiere y la ubicación de la oficina, entre otras cosas, y sopesarás las ventajas frente a las desventajas, o los beneficios frente a las pérdidas.

Esos criterios de ganancia y pérdida están también presentes en las relaciones. Calculamos ventajas y desventajas cuando conocemos a otras personas. Podría parecerse a lo siguiente:

«Resulta que conocí a ese tipo —trabaja para la empresa xx—; son un gran cliente nuestro, ¿no? Está claro que tengo que conocerlo mejor. Lo primero que haré mañana es llamarlo.»

«Oh, no es más que una subcontratista, ¿verdad? Pues en ese caso no tengo por qué molestarme en conocerla.»

Podría ser que cultives ciertas relaciones porque son útiles o ventajosas para ti, o ignorar a alguien porque concluyes que no hay nada en esa persona que te interese.

Fuera del trabajo, podría ser que intentes agradar a la persona que generosamente paga la cuenta mientras menosprecias a aquella otra de la que te imaginas que no tiene nada que ofrecerte.

Por supuesto, ya sé que el mundo no está formado únicamente por soñadores y que seas quien seas tiene que haber un poco de cálculo.

No obstante, no debemos basar nuestras relaciones en el interés propio.

Si te interesa conocer a alguien porque te parece importante conocerlo, la cosa acabará mal. Por no querer ofender o caer mal, siempre estarás humillándote o dando coba y te volverás servil.

La relación estará desequilibrada, con la otra persona en la posición dominante y tú en la de subalterno.

Y en medio de todo ello, tu espíritu se desdibujará. Tu energía decaerá. Perderás la chispa. Perderás confianza.

En el zen tenemos un dicho: «El camino supremo no sabe de dificultades, solo evita ser muy selectivo».

El camino supremo se refiere a la senda de la iluminación. Imaginamos que para alcanzar la iluminación debemos seguir una formación y una práctica muy austeras, pero eso no es cierto. El camino que lleva a la iluminación no es en modo alguno dificultoso. Pero lo único que no debemos hacer es tomar decisiones basadas en el cálculo y la evaluación de todas las posibilidades: simplemente no podemos ser selectivos. Ese es el significado de esa frase zen.

Todo el mundo cree que el camino hacia la iluminación es vivir una vida plácida, una vida de felicidad. Pero esa clase de vida requiere que dejemos de evaluar: no debemos ser tan especiales.

Ponderar beneficios y pérdidas es un buen ejemplo de ello.

Mientras te dediques a valorar cada cosa no serás capaz de entablar relación con personas verdaderamente buenas. Incapaz de crearte una senda brillante y dichosa, no podrás vivir una vida buena.

Dice otra expresión zen: «*Hogejaku*», que significa: «deshazte de todo».

De lo primero que debemos deshacernos es sin duda de la preocupación en torno a los beneficios y las pérdidas.

Tras deshacernos de ella, podemos ver con mayor claridad las cosas importantes de la vida.

PARTE CINCO

CAMBIA LA MANERA DE PREOCUPARTE POR LAS COSAS Y TU VIDA CAMBIARÁ PARA MEJOR

Sobre el dinero, el envejecimiento, la muerte y más cosas

41

EL DINERO

Desear más solo hace que todo sea más difícil

Estas son palabras de Buda:

«El deseo humano es tal que, incluso si el Himalaya se convirtiera en oro, no bastaría».

El deseo humano es inagotable. Carece de límites.

La manifestación clásica del deseo es el dinero.

Nuestra búsqueda de él no tiene fin. Si queremos algo, ahorramos dinero para comprarlo. Pero una vez que lo hemos adquirido, pronto queremos algo más o algo mejor. Y así queremos más y más dinero.

Al final, incluso si no hay nada en concreto que queramos, seguimos en busca del dinero. Estamos limitados por el dinero, empujados por él. Difícilmente nos hará libres.

La vida se puede entender enfocándola a hacer aquello que queremos, trabajando duro en lo que somos buenos y haciendo alguna clase de contribución a la sociedad. Y a cambio podemos ganar algún dinero.

Pero no vivimos para el dinero. Vivimos para trabajar duro en lo que queremos y contribuir a la sociedad, no para amasar dinero. Creo que cuando estos términos se invierten la vida parece vacía.

Hay una frase que dice: «Desea poco y conténtate». En el «Sutra de la enseñanza legada» que el Buda ofreció en su lecho de muerte, esto es lo que dijo acerca de desear poco y contentarse:

«Quienes conocen la satisfacción incluso en el suelo se sienten cómodos y relajados. Quienes no conocen la satisfacción incluso habitando un palacio siguen insatisfechos. Quienes no conocen la satisfacción, aun siendo ricos, son pobres».

Si vives la vida pensando: «Tengo suficiente, estoy agradecido», aunque tu hogar sea modesto y las comidas sencillas, serás rico de espíritu. Pero si vives la vida pensando: «Jamás estaré satisfecho con lo que poseo», aunque vivas en una mansión y te permitas comidas desmesuradas, tu espíritu permanecerá sediento.

Puedes comprarte todos los productos de marca que se te antojen, pero jamás estarás satisfecho. Cuando salga otro nuevo, sentirás la necesidad de tenerlo: algunas personas pueden incluso cometer una ilegalidad para hacerse con un objeto. Así una vida se puede volver desdichada.

Si no prestas atención a las marcas, estarás satisfecho con las cosas que te gustan, y cuando las utilices bien te gustarán todavía más, y te traerán sin cuidado todos los productos que compiten para captar tu atención.

Los japoneses tenemos una máxima:

«En la vigilia, media estera; durmiendo, una estera; incluso si gobiernas el mundo, de cuatro a cinco cuencos».

No importa lo grande que seas, en la vigilia todo el espacio que necesitas es la mitad de una estera de tatami; durmiendo, una estera completa de tatami; y por mucho estatus que tengas o por muy influyente que seas, de cuatro a cinco cuencos pequeños es todo lo que necesitas para una comida.

Básicamente, eso es cuanto precisa la existencia humana.

Por tanto, ¿vas a ser alguien que conoce la satisfacción o alguien que jamás puede quedar satisfecho?

¿Qué camino vas a escoger?

42

HACERSE MAYOR

Cuanto más sepas perdonar, más feliz serás

«Últimamente mi vigor físico parece de capa caída.»

«Tengo ahora menos energía que antes...»

A medida que envejecemos, podemos, al igual que los árboles, acumular, por así decirlo, más anillos de crecimiento, pero eso no tiene por qué significar que nuestra satisfacción con la vida crezca también.

De hecho, cuando las personas se acercan a la edad de la jubilación, a menudo sienten una sensación de vacío.

Lo que suele suceder es que dejan de hacer cosas, se pasan todo el día viendo la tele y se vuelven mucho menos activas.

Hace algún tiempo se puso de moda una expresión que se burlaba de los maridos que se habían jubilado, refiriéndose a ellos como «hojas caídas mojadas». Tras haber sido guerreros de las empresas, se aferran ahora a sus esposas como hojas en el suelo que, al estar mojadas, parecen imposibles de retirar.

Envejecer puede ser difícil. Pero jubilarse en el trabajo no significa que te jubiles en la vida.

En vez de lamentar lo mayor que eres, ¿por qué no te propones descubrir los beneficios que conlleva el envejecimiento?

Cuando se vive una larga vida, son muchas las experiencias que se acumulan y que enriquecen nuestra existencia y a menudo nos preparan para perseverar en la adversidad y la lucha.

Cada una de esas experiencias sirve para entrenar tu mente y hace de ti un espíritu más generoso. Cosas que no hubieses tolerado en la juventud las despachas ahora con una actitud de «Bueno, son cosas que ocurren». Formas de pensar que hubieran sido difíciles de aceptar, ahora podemos tomarlas con calma: «Ya veo, es una manera de pensar sobre ese asunto». Con este espíritu generoso, no puedes dejar de abrirte a nuevas experiencias, algo que puede ser uno de los dones más valiosos del envejecimiento.

Hay un dicho zen que procede del *Goto Egen*, una historiografía de la secta zen correspondiente al período de la dinastía Song del Sur en China acerca de cómo a medida que nos vamos debilitando con la edad también nos volvemos más contemplativos; dejamos de estar apegados a este mundo transitorio; sin obsesiones ni preocupaciones, nada nos es más grato que admirar las verdes colinas mientras reposamos.

Esa es la personificación de un espíritu generoso. Al envejecer podríamos sentir frustración o ansiedad causadas por la nostalgia de la juventud perdida. Pero por más resistencia que opongamos, no hay nada que podamos hacer al respecto.

Simplemente debemos aceptar el envejecimiento y adoptar una actitud relajada.

El autor Seiko Tanabe dice lo siguiente:

«¿No es conocer mejor a las personas uno de los placeres de envejecer?»

Con la acumulación de experiencias y conocimientos, puede ser un placer observar a las generaciones más jóvenes. Despertemos esa generosidad de espíritu.

43

LA VEJEZ

Enseñanzas del zen para mantener la apariencia,
la postura, la respiración...

A menudo digo: «Es importante llevar la vejez con filosofía».

Pero llevarla con filosofía no es lo mismo que rendirse.

Tomemos por ejemplo la apariencia y el aseo personal. Algunas personas pueden pasar la mayor parte de su tiempo en casa y preferir un chándal. Es mejor que ir en pijama y puede que se pongan algo diferente cuando salgan a comprar.

Nuestra apariencia influye en nuestro espíritu. Cuando nos presentamos con pulcritud y esmero, nos ponemos un poco más rectos. Al estar rectos, nuestro pecho se ensancha y respiramos más profundamente, lo cual nos proporciona mayor energía mental.

Otro aspecto que hay que considerar a medida que acumulamos años es la importancia de desarrollar el sentido del humor. El humor puede aliviar tensiones y levantar el ánimo de las personas. Sirve además de lubricante social.

Se necesita una mente ágil para poner un poco de humor en las conversaciones. Te anima a mantenerte al corriente de lo que pasa en el mundo y te ayuda a mantener una perspectiva fresca.

Cuando Danshi Tatekawa, el famoso contador de historietas que caracterizan el *rakugo*, era joven, había ido a la playa con otro maestro del *rakugo*, el ya fallecido Enraku Sanyutei. Tatekawa-san se puso a mirar el mar y vio que Enraku-san estaba lejos de la orilla y con peligro de ahogarse. Sin embargo, en lugar de intentar rescatarle, Tatekawa-san se limitó al parecer a sentarse, observando tranquilamente cómo se ahogaba Enraku-san.

Otra persona acudió al rescate de Enraku-san y, cosa que no puede sorprendernos, este le dirigió luego un reproche a Tatakawa-san: «¿Por qué no intentaste ayudarme?». Se dice que Tatakawa-san respondió tranquilamente: «Si ambos hubiéramos muerto, hubiera sido el fin del mundo del *rakugo*. Pensé que se podría salvar si al menos yo sobrevivía».

Imaginando esta escena, ¿no sientes que tus labios se relajan y dibujan una sonrisa? El estado de ánimo se distiende, ¿no es cierto?

El humor tiene un poder extraordinario.

Como he dicho, la esencia del zen es la práctica. Así que no temas que se burlen de ti por hacer «chistes de papá»; empieza a hilvanar tus propias tentativas de humor.

44

EL AMOR

*Incluso en asuntos de amor, la moderación
es lo correcto*

Cuanto yo pueda decir sobre el amor puede resultar embarazoso, pero voy a armarme de valor y a tratar de expresar mis pensamientos sobre el tema.

En el amor lo que hay que tener presente es esta enseñanza confuciana: *Hara hachi bun me*, o «la barriga en ocho partes llena», que significa que deberíamos comer hasta llenarnos en un ochenta por ciento.

Ahora voy a lo que quiero decir al referirme aquí a «la barriga en ocho partes llena».

No esperes que tu pareja sea perfecta.

Cuando el amor se apodera de nosotros hacemos todo lo posible para identificarnos con nuestra pareja.

Queremos que nuestra pareja lo sepa absolutamente todo de nosotros, e igualmente queremos saberlo absolutamente todo de ella. Sin embargo, la posibilidad de saber todo lo que hay por saber de otro ser humano —dónde nació, el entorno en el que creció, la educación recibida, las personas con las que se ha relacionado— y abarcarlo todo es irrealizable.

Obviamente cada persona es diferente. No debemos olvidarlo. Si tú y tu pareja podéis conocer el ochenta por ciento del otro —es decir, si podéis aceptar que con el ochenta por ciento es suficiente—, es probable que sea bueno para vuestra relación y que os permita alcanzar el equilibrio adecuado.

El veinte por ciento de la pareja seguirá siendo «territorio inexplorado». El misterio y la intriga que este provoque mantendrá el interés (y el cariño) por el otro.

No hay un conocimiento mutuo al cien por cien, y en caso de que lo hubiera, ¿no se desvanecerían la frescura y la atracción que sentisteis al conoceros?

Y si solo conocieras el cincuenta por ciento de tu pareja, me da la impresión de que la relación sería difícil. «Es muy diferente a mí», podrías decir a menudo.

El aspecto es un factor clave al inicio de una relación. Lo primero que te atrae de otra persona es que te parezca atractiva, guapa, linda o bonita.

Sin embargo, sea lo que sea que os haya unido, si os dais cuenta de que vuestros valores difieren es buena idea concederse un respiro. De otro modo, si decidís casaros basándoos únicamente en las primeras impresiones, vuestras diferencias en los valores podrían producir grietas o fisuras en la relación.

Tomemos las actitudes en lo tocante al dinero, por ejemplo: uno de los dos puede ser el que ahorra dinero y se lo gasta con prudencia, mientras que el otro podría ser, como suele decirse, el que se lo gasta enseguida como si no hubiera un mañana.

Si conseguís mantener la mente abierta, al principio es probable que toleréis la diferencia, pero la paciencia no dura para siempre. No pasará mucho tiempo antes de que vuestras actitudes choquen y puede que os encaminéis hacia la ruptura.

Otro tanto sucede con la gestión del tiempo. Si alguien que disfruta empleando su tiempo libre relajándose y escuchando música o leyendo libros convive con alguien que prefiere usar su tiempo libre yendo de acá para allá, de compras y comiendo en restaurantes, es inevitable concluir que se producirán roces.

O pensemos en la comida: si a una persona le encantan los alimentos con muchas calorías y un alto contenido de grasa, mientras que a la otra le gustan las comidas sencillas y frescas, no cabe esperar que vayan a disfrutar juntas muchas comidas.

«El amor es un hermoso malentendido, el matrimonio es una cruel comprensión.» Si en el remolino del amor podéis recordar la regla del ochenta por ciento de «la barriga en ocho partes llena», podréis demostrar que el proverbio es erróneo.

45

EL MATRIMONIO

*Unas palabras de agradecimiento favorecen
una buena relación*

Entre las parejas que llevan mucho tiempo casadas suele suceder que cada vez tienen menos cosas de las que conversar. Cada miembro de la pareja puede incluso empezar a considerar la existencia del otro casi como una parte del aire circundante, sobre todo cuando no hay nada en concreto por decirse. Como en aquellos días desolados de antaño, cuando las únicas tres palabras que un marido debía pronunciar en casa eran «baño», «comida» y «cama», casi puedes oír soplar el viento por las grietas de un matrimonio expuesto a corrientes de aire.

Esto es lo que cuenta una esposa:

«En mi casa se habla mucho, aunque la mayor del tiempo son lamentaciones. Su jefe dijo esto, su cliente hizo lo otro… Sé que para él hablar del trabajo es una forma de aliviar el estrés, pero para mí, que siempre, siempre tengo que escucharlo, es algo que, como se puede suponer, ¡se va acumulando!»

Creo que no le falta razón. Tal vez siga siendo cierto para ella aquello de que «es mejor si el marido se encuentra bien, pero está fuera de casa».

No obstante, pensemos un poco más en ello. ¿Qué significa que el esposo o la esposa se quejen demasiado? No es que el marido pueda quejarse a cualquiera; esas cosas, por ejemplo, no puede hablarlas en la oficina, ¿no es cierto?

Incluso si puede expresarle su descontento a alguien en la oficina, hacerlo podría ser arriesgado. O la persona que le escucha quejarse podría espetarle: «No quiero oír nada más; si estás tan mal, ¿por qué no te vas?». La imagen predominante de un marido fuera de casa es la de alguien que aguanta carros y carretas, no importa lo mucho que guarde en su interior.

Ser la persona a la que tu pareja puede exponer su descontento demuestra que confía en ti. Equivale a una declaración de que se siente en disposición de descubrirte su corazón y lo bastante segura como para hacerlo. Teniendo esto en cuenta, tal vez deje de molestarte que lo haga.

En el zen tenemos una palabra —*ro*— que se refiere a quedar completamente expuestos o desprotegidos, sin nada que ocultar. En el mundo de la ceremonia del té, que guarda una profunda relación con el zen, el terreno del jardín que rodea la casa de té se denomina *roji*.

El *roji* es un espacio que nos permite ser lo que cada cual es. A medida que nos aproximamos a la casa de té, descubrimos nuestra naturaleza. Era habitual que las personas nacieran con, o poseyeran, rangos o estatus diversos en el seno de la sociedad, como samurái, poeta, comerciante..., y que para cada uno de ellos se requiriese vestir la armadura apropiada para su posición.

La finalidad del *roji* es servir como un lugar que dice: «Por favor, entra aquí y aparta todo aquello que te aferra».

Al desprendernos de las cosas que nos aferran, la naturaleza original se revela, y al entrar en una casa de té, que representa el reino de Buda, atravesamos los límites del rango o de la posición con un corazón abierto... Ese el mundo del *chanoyu*, el Camino del Té concebido por Sen no Rikyu, el gran maestro del té.

Quejarse parecería algo muy diferente del Camino del Té, pero, al igual que este, tiene que ver con descubrirse y dejar que se exprese nuestra verdadera naturaleza, permitiéndonos mostrar confianza en la pareja en un estallido de sentimientos sinceros. Sería desafortunado responder con un «¡ya está con lo mismo otra vez!».

Indudablemente, quejarse es una expresión tácita de confianza de la que debe ser consciente el oyente. Es mejor transmitir confianza de una forma más explícita y abierta.

Puede que vuelvas a casa con una expresión taciturna en tu rostro, y que ni tú ni tu pareja os digáis media palabra mientras veis la televisión antes de iros a dormir. Pero si al entrar por la puerta anuncias tu presencia diciendo: «¡Estoy en casa!», tu pareja puede acercarse para darte la bienvenida y preguntarte cómo te ha ido el día.

El zen tiene que ver con la acción y el comportamiento. No basta con sentirse a gusto confiando en alguien: es importante tratar de comportarse de una manera que transmita confianza.

Una forma de lograrlo es expresando gratitud con un agradecimiento cuando alguien nos sirve una comida o una bebida. O si es necesario hacer unas compras mayores de lo habitual, hablarlo un poco antes de salir y ofrecer ayuda puede demostrar consideración. Ahora es el momento de empezar a crear un entorno en el que puedas expresar abiertamente aquello que te desagrada, haciendo a tu pareja consciente de que lo compartes con ella porque sientes seguridad y confianza, algo por lo que estás agradecido.

46

LOS HIJOS

Padres y madres helicóptero plantan semillas
de preocupación

Mucho ha cambiado con los años la relación padres-hijos.

Quizá el mayor cambio sea el de una mayor implicación. En el pasado, las familias tenían muchos hijos y los hogares eran más pobres, por lo que los padres no podían ocuparse mucho de sus hijos.

No era raro que el hermano o la hermana mayor se hicieran cargo de sus hermanos más pequeños, cuidándolos y atendiéndolos de diversas maneras.

Los hijos mantenían cierta distancia con los padres, lo que les permitía lograr su independencia. Es más, el jaleo de las relaciones entre los hermanos impartía un conocimiento esencial del orden social jerárquico confuciano entre los miembros de mayor edad y los de menor edad, y promovía la consideración hacia los más débiles.

Con la caída de los índices de natalidad, los padres pueden ocuparse cada vez más de sus hijos.

Y con la intensa lucha, casi desde que nacen, para situar a los hijos en el camino del éxito educativo, si eres un buen hijo o una buena hija, y especialmente si estudias mucho, no es muy extraño que tus padres se desvivan por ti.

Incapaces de tomar sus propias decisiones y obrar en consecuencia, aguardando siempre instrucciones antes de actuar..., no cabe duda de que esta tendencia de los jóvenes de hoy es fruto de una dinámica infantilizadora entre padres e hijos.

Esta es una historia sorprendente, un extraño incidente ocurrido en una jefatura de policía situada al sur de Tokio.

El nuevo jefe de policía llegó para asumir su cargo y el equipo policial se congregó para darle la bienvenida. La madre del nuevo comisario estaba delante cuando este se disponía a hacer sus primeras declaraciones. Pero ella agarró el micrófono, sin tener para nada en cuenta al hombre al que todos querían oír, y se puso a hacer un discurso acerca de su hijo. Podemos imaginar la estupefacción del equipo policial allí presente.

Una madre es una madre y un hijo es un hijo. Por más que una madre no pueda dejar que su hijo salga solo, por más que no deje de insistir en acompañarlo, ¿no debería tener suficiente sentido común como para saber hasta qué punto aquello resultaba inapropiado? ¿Y no hubiera sido razonable que el hijo le dijese: «¿Dónde tienes la cabeza?» e hiciera valer su autoridad? Que un individuo tan preparado no lo hiciera, que se comportara como un niño pequeño delante de docenas e incluso cientos de policías, casi pone a prueba nuestra incredulidad.

No pretendo, por supuesto, sugerir que algo así es habitual, pero tampoco me sorprendería si hubiera sucedido en otra parte.

Los padres y las madres helicóptero no hacen sino agravar el problema. Malcrían al hijo.

En el budismo existen lo que llamamos los «tres venenos» —la codicia, la ira y la ignorancia—, que representan las tentaciones de este mundo que debemos superar. También se puede pensar en ellas, respectivamente, como «un corazón codicioso», «un corazón iracundo» y «un corazón insensato».

Los progenitores helicóptero son tóxicos: una manifestación de la ignorancia.

El budismo nos brinda estas palabras: «Pensar que se tiene riqueza porque se tiene un hijo lleva el sufrimiento a los insensatos. Si ni siquiera somos dueños de nosotros mismos, ¿cómo podemos adueñarnos de un hijo o de la riqueza?».

Si puedes liberar tu mente de la insensata idea de que eres dueño de tus hijos, podrás disfrutar de una relación refrescante, apropiada y dichosa con ellos.

47

LA MUERTE

Debemos confiar nuestra muerte a Buda

A medida que nos hacemos mayores puede que no nos guste admitir que la muerte está más cerca de ser una realidad. Puede que lo sintamos con mayor intensidad al acercarnos a la edad que tenían nuestros padres cuando fallecieron.

Hasta ese momento, probablemente habremos asistido a funerales por los padres de amigos, conocidos y compañeros de trabajo, y las palabras de pésame que hayamos expresado tenían todo el sentido en el momento, pero sospecho que no sentíamos con intensidad el espectro amenazador de la muerte.

«Había asistido a varios funerales, y en ellos había dado mis condolencias, pero nunca había entendido cómo era realmente para la familia del difunto. Hasta que murió uno de mis padres y comprendí qué supone perder a alguien importante para ti.»

A menudo oigo cosas así. La muerte se siente de verdad cuando fallece uno de los padres, y la edad de su muerte se convierte en un hito para nuestra vida.

«Ah, la vida que queda es como calderilla.»

Así es como en realidad fue para mi padre. La edad en que murieron sus padres se convirtió en un hito, y vivió la vida al máximo hasta llegar a aquel punto, pero creo que, traspasado aquel, aceptó con gratitud el tiempo restante como «calderilla».

Al alcanzar la edad a la que murieron nuestros padres, puede que pensemos: «Ah, pronto será Nochevieja en mi vida».

El *Shushogi* —el significado de la práctica y la realización— es un texto que reúne importantes fragmentos del *Shobogenzo* de Dogen Zenji, pensado para facilitar a los laicos la comprensión de los principios de la escuela soto del budismo zen. Contiene cinco apartados compuestos por treinta y un párrafos cada uno. El primer apartado empieza como sigue:

«La cuestión más importante de todas para los budistas es la comprensión cabal del significado del nacimiento y la muerte».

Dogen Zenji dijo también: «Cuando estamos vivos, debemos vivir completamente. Cuando morimos, debemos morir completamente».

Podrías preguntarte por qué el zen complica siempre las cosas. Sin embargo, no es tan difícil en realidad. Mientras estamos vivos, pensar en la muerte nos provoca ansiedad y temor. Eso sucede porque concebimos la muerte como el final de la vida, su extinción.

En el zen decimos: «No juzgues el pasado ni el futuro».

Cada momento existe por sí mismo, sin relación con el que había antes ni con el que vendrá después. La vida y la muerte son absolutas en sí mismas. La vida no consiste en avanzar hacia la muerte y la muerte no es el final de la vida.

Vivir completamente es realizar el absoluto de esta vida viviéndola lo mejor que se pueda. Puesto que no tenemos control sobre nuestra propia muerte, debemos confiársela al Buda. Si vivimos completamente, el absoluto de la muerte llegará con naturalidad. Así es como se muere completamente... Creo que eso quería decir Dogen Zenji.

Mientras estés vivo dedícate únicamente a vivir. Hacerlo no conlleva de forma inherente ansiedad ni temor ante la muerte.

Ya me referí antes a Ekiho Miyazaki, que vivió hasta los 106 años e incluso pasó de los cien manteniendo las mismas prácticas ascéticas de los monjes jóvenes. Dijo lo siguiente:

«La gente se pregunta cuándo es un buen momento para morir, y piensa: "Después de haber alcanzado la iluminación". Sin embargo, es un error. Vivir en paz y con serenidad, esa es la iluminación. No es difícil vivir en paz y con serenidad. Cuando llega el momento de morir, lo mejor es morir. Mientras es tiempo de vivir, lo mejor es vivir en paz y con serenidad».

Según lo veo yo, la idea de Miyazaki Zenji de vivir «en paz y con serenidad» es la misma que la idea de Dogen Zenji según la cual «debemos vivir completamente».

No hay duda de que es algo realmente difícil, pero es el estado al que debemos aspirar. Más allá del mismo se encuentra la serenidad del absoluto de la muerte.

48

NUESTRO PROPIO FINAL

¿Con qué palabras te recordarán?

Mientras te preparas para llegar a tu fin, ¿con qué palabras te gustaría que te recordaran?

En el momento de su muerte, uno de mis feligreses eligió dejarnos con la palabra «¡*banzai*!». Esta sola palabra, que significa vida eterna y prosperidad, resumía todo cuanto él había logrado en la vida, un tiempo del que no se había dejado nada.

Pero esto por sí solo no bastará. Se dice que las últimas palabras del célebre monje y sumo sacerdote Sengai, que vivió durante el período Edo de Japón (1603-1868), fueron: «No me iré con la muerte». Sengai era conocido por su atrevimiento. En cierta ocasión compuso un poema satírico lleno de sarcasmo sobre el gobierno del sirviente primero del daimio:

«No acabará bien el sirviente que piense que todo está bien. El sirviente anterior pensaba que todo estaba bien».

De modo que los discípulos de Sengai no sabían si tomar sus últimas palabras al pie de la letra. Yo mismo me pregunto si no encerraban algún sentido más profundo.

Era costumbre de los monjes zen, al comienzo de cada año, practicar la composición del *yuige*, poemas de despedida compuestos con versos chinos que reflejaban su estado de ánimo. Esta tradición ha desaparecido, pero imagino que algunos *yuige* pueden haber finalmente servido como últimas palabras de los monjes.

Mi propio padre dejó un *yuige*:

Terreno limpio desbrozado de maleza,
la hierba deja paso a la tierra pura
Estos ocho o siete años, estos ocho o siete años
Agotando mi salud, simplemente para servir en Kenko
Shiho aspiraba, en el zen, a recorrer el camino con fe,
hacia la tranquilidad y la paz

Puso en el poema su propio nombre, Shiho, así como el nombre del templo donde ejerció de sumo sacerdote, Kenko-ji. No puedo evitar pensar que los sentimientos que mi padre tenía sobre su vida se reflejan en este *yuige*.

Te animo a pensar en poner por escrito los sentimientos en torno a tu estado de ánimo cuando comience el nuevo año. Por supuesto no es necesario que incluyan una conciencia de la muerte. Pueden referirse a tus resoluciones; qué esperas del nuevo año, como te gustaría vivirlo. Los pensamientos que surjan en ti al girar el calendario.

Y he aquí otra opción. Cada doce de diciembre tiene lugar una ceremonia en el templo de Kiyomizu, en Kioto, en la cual se anuncia el «Kanji del Año», el carácter que se ha votado como representativo del año transcurrido. Al comenzar el año, podrías escoger una palabra que represente tu estado mental en ese momento.

No sabemos cuándo llegará la muerte, pero, como seres humanos, todos estamos sujetos a ella. Llegado ese momento, conocer los sentimientos de sus difuntos es lo que más desearán sus seres queridos.

«Ah, ¿esto era en lo que pensaban, eso sentían?»

Si pudiéramos saber lo que pensaban las personas que hemos perdido, a partir de lo que escribieron al comenzar el año, sería mucho más sencillo decirles adiós en nuestros corazones. Así lo creo yo.

Considera la posibilidad de convertir en una tradición anual tu propio *yuige*.

ÍNDICE DE ZENGO

O DE DICHOS ZEN

El viejo punzón es útil. (Cap. 22, pág. 97)

Cada día es un buen día. (Cap. 23, pág. 100)

Todo procede de la nada. (Cap. 25, pág. 106)

Una mente flexible. (Cap. 27, pág. 113)

La iluminación no depende de las palabras o la escritura,
y el despertar espiritual únicamente se puede alcanzar
mediante el discernimiento intuitivo. (Cap. 28, pág.
116)

La mente ordinaria es el camino. (Cap. 29, pág. 120)

Vuelve a casa y siéntate a tus anchas. (Cap. 30, pág. 124)

Ichi-go ichi-e: una vez en la vida. (Cap. 31, pág. 131)

Cada paso es un lugar para aprender. (Cap. 32, pág. 134)

Un rostro apacible, unas palabras cariñosas (Cap. 33,
pág.137)

Cuando mires una flor, disfruta de la flor, y cuando mires
la luna, disfruta de la luna. (Cap. 35, pág. 142)

Menju: cara a cara. (Cap. 37, pág. 149)

Abre la puerta y encontrarás larga vida y felicidad. (Cap. 38,
pág. 151)

La brisa fresca barre la brillante luz de la luna; la brillante
luz de la luna hace desaparecer la brisa fresca. (Cap
39, pág. 154)

El camino supremo no sabe de dificultades, solo evita ser
muy selectivo. (Cap. 40, pág. 158)

Hogejaku: Deshazte de todo. (Cap. 40, pág. 158)

No juzgues el pasado ni el futuro. (Cap. 47, pág. 181)